国有资本投资体制的历史变迁与深化改革

吴 泓 著

社会科学文献出版社
SOCIAL SCIENCES ACADEMIC PRESS (CHINA)

本书受到福建工程学院科研启动基金 GY – S20010 的资助

序

在中国的国情下，国有资本投资已经成为拉动经济增长的重要动力，不仅为市场经济的资源配置提供了重要手段，也为供给侧和需求侧的发力施加了强大的引擎，对国民经济的运行具有举足轻重的作用。当前，面对动荡不安的全球金融环境，我国的国有资本投资体制改革已经到了一个关键的时刻，投资体制如何适时调整以适应经济新常态的要求，如何更好地融入经济全球化以更好地发挥市场在配置资源中的基础作用，都是摆在眼前亟待研究的重大课题。

从现有的研究动态来看，国有资本投资体制的研究范围覆盖了投资体制的历史变迁、投资体制改革、国有资本投资效率以及配套体制改革等主要领域，形成了一批具有针对性、有价值的研究成果，为国有资本投资体制的深化改革研究奠定了基础。在肯定研究成果的同时，还应发现当前研究中存在的空缺。国内外学者的研究主要基于主观的定性分析，并没有下沉到应用层面提出深化改革的实践路径。同时，也缺少对国有资本投资体制改革进行评估的重视，在这方面尚未发现有针对性的系统、深入的研究。

有鉴于此，本书主要运用马克思主义政治经济学的相关理论，并适当借鉴西方经济学的有关理论，考察了改革开放以来国有资本投资体制的历史变迁与改革历程，并归纳总结各阶段的历史特点和发展模式。通过分析国有资本投资体制的发展演变历史，在总结国有资本投资体制现状的基础上，本书指出现阶段我国还存在国有资本投资效率不高、国有资本投资体制服务供给侧结构性改革乏力的问题。本书通过实证模型分析了国有资本投资效率，以此探寻国有资本投资效率检验问题的潜在困囿。而如何客观地评估我国国有资本投资体制，是其制度设计需要解决的首要问题。根据我国国有资本投资体制深化改革的目标，本书通过专家问卷并结合实证构建了国有资本投资体制评价的四级指标体系，为客观评估我国国有资本投资体制的现状提供了分析工具；同时，能够为不同历史时期国有资本投资体制评价的动态轨迹提供定量分析工具，并为国有资本投资体制的深化改革提供决策基础。此外，本书分别从投资决策机制、投资动力机制、投资调控机制、投资运行机制及投资信息机制五个维度深度解析了国有资本投资体制的改革路径。

CONTENTS 目 录

绪　论

一　研究背景和研究价值

（一）研究背景

国际金融危机给世界各国的经济发展蒙上了一层阴影，如何打破壁垒、谋求发展已成为各国共同面临的问题。在中国的国情下，国有资本在国民经济中占有支柱地位。国有资本投资作为拉动中国经济增长的重要动力，不仅为市场经济资源配置提供了重要手段，也为供给侧和需求侧的发力施加了强大的引擎。在市场经济体制改革的过程中，伴随多元化投资主体的确立，投资体制的改革一直滞后于经济体制的改革，不能完全适应社会主义市场经济的要求。我国的国有资本投资体制改革已经到了一个关键的时刻，投资体制如何适应经济新常态的要求，如何适时调整投资的政策、结构和导向等，如何更好地融入经济全球化以更好地发挥市场配置资源的基础作用，都是摆在眼前亟须研究的重大课题。因此，有必要对我国国有资本投资体制的历史变迁及现状进行全面的剖析，并对投资体制的深化改革展开系统的研究。

（二）研究价值

当前，我国的国有资本投资体制存在盲目投资、重复建设、投资效率低下等诸多严重问题。深化国有资本投资体制改革既是加强和改善宏观调控的现实需要，也是我国供给侧结构性改革的内在要求、建立与完善现代市场经济的题中之义。国家的"十三五"规划纲要十分重视投资体制改革的关键作用。纲要明确指出要充分发挥投资对调整经济结构的关键作用,通过优化投资结构来提高投资效率。党的十九大报告也提出深化我国的投融资体制改革,要重视发挥投资对优化供给结构的关键性作用。本书研究改革开放以来我国国有资本投资体制改革的历程,通过对历史变迁的原因和规律进行分析,为现行的国有资本投资体制改革提供历史借鉴和经验教训。

首先,研究国有资本投资体制是我国走出当前经济结构失衡困境的需要。

新中国成立70年来,中国的经济发展一直受到结构失衡的困扰。近年来,在全球化的冲击下,经济结构失衡问题再次凸显。工业品重复投资的规模过大、新兴产业产能过剩、公共产品的供给不足等投资结构问题,严重影响了国民经济的可持续发展。此外,国有投资对民间投资的挤出效应明显。因此,从顶层制度设计入手研究我国国有资本投资体制,是我国走出当前经济结构失衡困境的需要。

其次,考察国有资本投资体制是我国保证市场主导型的投资体制的需要。

国家主导型的投资体制主要是以政府的利益作为根本动力,通过计划经济"自上而下"的思路规划国有资本投资。然而,以计划经济的改革思路来指导国有资本投资体制,与建立社会主义市场经济体制的目标背道而驰。因此,有必要通过考察国有资本投资体制的历史变迁,总结其成败得失的自然规律,明确市场主导的投资体制是我国国有资本投资体制的发展趋势。

再次,考察国有资本投资体制是我国参与构建国际投资规则体系,谋求在全球投资治理中的制度性话语权的需要。

伴随着中国成为国际投资双向大国,作为全球第二大经济体以及第三大资本输出国,中国在全球投资治理体系中的国际影响力日益凸显。因此，国有资本投资体制的深化改革研究，对我国参与构建全球投资治理体系、树立在全球投资治理中的制度性话语权以及共同推进全球投资治理的完善具有重要的意义。

最后，研究国有资本投资体制是巩固以公有制为主体的社会主义市场经济体制的需要。

党的十九大报告指出，要坚持和完善社会主义基本经济制度和分配制度，就要坚定不移地巩固和发展公有制经济。国有资本投资体制作为经济体制的重要组成部分，对巩固以公有制为主体的社会主义市场经济体制具有举足轻重的作用。我国只有通过深化国有资本投资体制改革，对国有资本投资的布局和结构进行战略调整，才能不断增强国有资本的投资竞争力，进而巩固和维护公有制的主体地位。而为了使投资体制改革适应经济基础的变化，推动社会主义市场经济体制进一步完善，重塑投资体制的改革模式显得尤为必要。

二　研究综述

从现有的研究成果来看，研究范围覆盖了投资体制历史变迁、投资体制改革、国有投资效率以及配套体制等主要领域，形成了一批有针对性、有价值的研究成果，为深化国有资本投资体制改革研究奠定了基础。国有企业虽然已经成为很多学者的重点关注对象，但国外学术界对我国国有资本投资体制的关注度显然不够。主要原因是研究中国国有企业的专家在西方国家属于少数群体，而研究中国国有资本投资体制这个三级学科领域的就少之又少了。关于我国国有企业的研究成果大多是由中国学者完成的，正如中国的其他问题一样，只能由中国的学者在实践中深入研究，别国无法给予我国准确的答案。

总结国内外学者关于国有资本投资体制问题最为紧密相关的研究，其集中体现在以下几个方面。

（一）以我国投资体制变迁为主要内容的研究。关于投资体制改革的阶段划分，依据的标准不同，划分的阶段也不一样。

王耀中①将投资体制的历史演变分为两个阶段，即改革开放以前的高度集中的计划投资体制的形成与发展阶段和改革开放后以市场为导向的投资体制变革阶段。张成、梁一新②把我国的投资体制划分为三个阶段，分别是 1949~1978 年高度集中计划经济体制下的投资体制、1978~2004 年经济体制转轨时期的投资体制及 2004 年后的市场经济体制下的投资体制。他们强调了在投资体制的历史变迁进程中，政府的投资职能逐渐由"全能"向"有限"转变，淡化了经济职能，加强了社会公共服务职能。汪同三③从经济体制改革的角度将改革开放的投资体制划分为四个阶段，分别是 1978~1984 年的经济体制改革的起步阶段、1984~1992 年的经济体制改革的探索阶段、1992~2002 年的经济体制改革的入轨阶段、2002~2010 年的经济体制改革的深化阶段。龙丽梅④将投资体制的历史变迁划分为五个阶段，分别是 1949~1978 年计划经济式的投资体制阶段、1979~1984 年传统投资体制改革的探索阶段、1984~1992 年协调计划与市场体制的改革试水阶段、1993~2002 年投资体制初步改革阶段及 2003 年至今的投资体制深化改革阶段。她指出我国的投资体制的历史变迁实质是投资体制逐步市场化的过程，政府投资的职能由全能向有限转变的历史进程。吴亚平⑤根据国家颁布的投资体制改革的相关政策措施将改革开放后的投资体制改革历程划分为四个阶段，即 1978~1987 年的起步阶段、1988~1992 年的探索阶段、1993~2003 年的转轨阶段以及 2004 年至今的深化阶段。

① 王耀中：《中国投资体制转型研究：一种中西比较的新视野》，经济管理出版社，2002，第 57~62 页。
② 张成、梁一新：《投资体制的变迁与政府职能的转变》，《当代经济》2005 年第 11 期。
③ 汪同三：《中国投资体制改革 30 年研究》，经济管理出版社，2008，第 108~158 页。
④ 龙丽梅：《从投资体制六十年之变迁看危机下政府投资的规范性》，《求是》2009 年第 2 期。
⑤ 吴亚平：《投融资体制改革：何去何从》，经济管理出版社，2013，第 61 页。

（二）以我国投资体制改革为主要内容的研究。国内学者对投资体制改革的研究主要从国民经济运行、政府职能改革、配套制度等角度展开。

第一，从国家经济运行的角度来研究投资体制改革。史正富[①]指出，我国经济体制改革的重要任务之一是化解投资膨胀问题。投资膨胀源于投资供给制度，在投资供给制度下，企业的发展或停滞不取决于企业的经营能力，而取决于国家是否对其进行无偿投资。企业争夺国家投资的持续动力形成了投资膨胀。马建堂、李晓帆和曹忠[②]指出，我国投资体制的改革在取得进步的同时也存在不少问题。弱化高度集中的投资体制并没有解决基层组织投资权限少的问题。改革虽然在一定程度上调动了地方政府投资的积极性，却导致了投资膨胀加剧和投资结构畸形等一系列问题。因此，需要深入研究投资体制改革措施。国家需要将政府投资职能转移作为进一步投资体制改革的重要内容，国家应当分类扩权，首先扩大企业的投资权限。陈彩虹[③]提出国家是最重要的投资者。在原有制度下，国家投资的实现是简单直接的，投资资金和投资商品的交换直接由国家决定。实践证明，这种省去市场环节的投资过程导致了低效的投资效益，有必要对投资体制进行改革。赵吉国、姚万顺[④]指出，高度集权的投资体制在一定时期内促进了国民经济的持续发展，但导致了投资规模膨胀、投资结构畸形、投资效率低等后果。这一现象的根本原因是投资权限和范围没有在中央、地方及企业之间得到合理的划分；没有划清财政资金和银行信贷资金；投资决策的责任权利脱节。因此，国家需要改革当前的投资决策体制，积极转变政府管

---

① 史正富：《根治投资膨胀与改革投资体制问题初探》，《上海经济研究》1985年第 1 期。
② 马建堂、李晓帆、曹忠：《实行分类放权和促进金融集团的发育——我国投资体制改革的深化》，《南开经济研究》1987 年第 6 期。
③ 陈彩虹：《投资与经济周期》，《经济研究》1988 年第 2 期。
④ 赵吉国、姚万顺：《谈投资体制与金融配套改革》，《金融理论探索》1988 年第 2 期。

理职能，建立相应的配套金融体系，才能解决体制更替中出现的新问题。张汉亚[1]认为，改革开放以来我国投资体制改革改变了以往过度管理、缺乏活力的格局，引入市场机制对我国投资体制改革产生了非常有益的影响。姜作培[2]认为，投资体制改革是经济体制改革的重要组成部分，投资活动直接影响国民经济发展的规模、速度、结构和效益。他从深化投资体制改革的角度探讨了经济转型问题。刘俊霞[3]通过分析投资制度及其变化的原因、投资体制优化的条件及其前提，以及投资制度对投资主体行为动机和行为环境的影响，详细阐述了投资制度对投资结构形成的影响。朱愚、朱泉[4]认为我国投资体制改革的核心是把全社会的资金引入经济建设的各个领域，将市场机制应用于投资、融资、退出、建设、运营和管理等各方面，形成有效的社会资源配置。罗云毅[5]指出，投资体制改革还需要进一步深化，其中的一项重要任务是建立新的投资调控模式。首先，应该重新客观评估我国的经济能够适应的外部性标准的范围。其次，应该尽量减轻调控模式可能对社会和经济生活产生的负面影响。最后，国家要提高外部控制系统的门槛，保证新调控模式的实施。单超[6]认为，发展适应市场经济的投资体制还需要其他改革措施的配合。在利率市场化条件下，投资行为会受到更合理的约束，进而有利于形成新的投资体制。

　　第二，从政府职能的视角对投资体制改革的研究。陈申申[7]通过分析经济体制改革的历史变迁，指出经济体制改革中最重要

---

① 张汉亚：《投资体制改革对经济周期波动的影响》，《改革》1995 年第 4 期。

② 姜作培：《转变经济增长方式必须进一步深化改革》，《中央财经大学学报》1996 年第 2 期。

③ 刘俊霞：《投资制度变迁与投资结构优化》，《中南财经政法大学学报》1998 年第 3 期。

④ 朱愚、朱泉：《投资体制改革与金融服务创新》，《金融纵横》2004 年第 12 期。

⑤ 罗云毅：《投融资体制改革新突破》，《投资北京》2005 年第 2 期。

⑥ 单超：《利率市场化与推进我国投资体制改革》，《改革与战略》2006 年第 2 期。

⑦ 陈申申：《我国投资体制的演变及其对开放政策的影响》，《社会科学》1987 年第 10 期。

的是投资体制的改革。原有的经济管理体制以中央政府投资为
主，投资者之间没有贸易活动，也缺乏改革动力维护买卖间平等
的法律关系。他通过分析研究我国投资中体现出的经济关系，指
出我国现阶段投资主体应具有一个多元化的结构，与以公有制为
主体、多种所有制经济并存相适应。建立与商品经济相符的投资
体制必然要求实行多元化的投资主体形式，落实投资责任，实现
责权利的统一。张汉亚①指出，《国务院关于投资体制改革的决
定》是改革开放后我国最全面系统的投资体制的改革方案，也指
明了我国的投资领域今后的改革和发展方向。它的实施标志着我
国投资体制改革进入了一个新的阶段。徐湘瑜、栾华、蓝颖文、
刘志东②认为，政府转变管理职能是《决定》的核心内容。《决
定》进一步明确了企业的投资主体地位，并为深化投资体制改革
指明了方向。企业应努力转变观念，加强内部建设，在不断改善
的宏观外部环境中确立企业的投资主体地位。周国栋、周伟③认
为国家应当加快政府职能转变，尽量减少政府对微观经济活动的
管理。政府要不断完善项目审批流程，全面加强负面清单制度下
的事中事后监管，让市场充分发挥其配置资源的基础性作用。

　　第三，从政府改革的角度研究投资体制改革。雷应全④指出，
中国当前的投资体制改革严重滞后，投资审批手续烦琐复杂、管
理松散、法制落后等问题导致投资体制改革难以落到实处。张传
焱、马立波⑤认为，我国经济发展中存在的问题的主要原因是没
有合理调控固定资产投资，这与政府直接投资体制密切相关。我

①　张汉亚：《破译投资体制改革历程——促进投融资体制改革的近期措施》，
　　《中国投资》2004 年第 1 期。
②　徐湘瑜、栾华、蓝颖文等：《深化投资体制改革，进一步确立企业的投资主
　　体地位》，《中央财经大学学报》2005 年第 4 期。
③　周国栋、周伟：《深化投资体制改革，进一步简政放权》，《宏观经济管理》
　　2015 年第 4 期。
④　雷应全：《市场经济下的投资体制改革》，《四川财政》2001 年第 11 期。
⑤　张传焱、马立波：《改革政府直接投资的模式是投资体制改革的关键》，《人
　　口与经济》2002 年第 S1 期。

国必须大力调整政府投资占主导地位的投资体制。张汉亚[①]分析投资体制改革滞后的原因是多方面的，包括缺少一个整体的战略部署、缺少相应的配套体制、缺少适用的调控手段、缺少有效的执行监督体系及缺少严格的约束机制等方面。他提出国家应当重点管控占全社会投资总量 60% 以上的国有企业。沙治慧[②]认为我国的投资体制改革经历了计划经济时期与改革开放时期，已基本形成以市场经济为目标的投资体制改革。我国在探索中逐步向市场化经济体制前进，从根本上改变了改革前我国投资体制单一化的局面，构建了多元化投资主体的新局面。我国政府应当继续以市场化为目标，进一步深化投资体制改革。刘志东、徐湘瑜、栾华等[③]认为深化投资体制改革必须完善企业外部环境，与融资体制改革相配套，单一的投资体制改革很难取得成效。钱维[④]认为当前的投资体制改革受制于冲突的利益机制、惯性的计划投资体制、滞后的机构运行体制。就政府投资体制改革而言，市场化是改革方向，决策法制化是基础，制度创新是关键，监管体系是保障。杨飞虎[⑤]认为政府对国有经济的依赖、寻求自身利益是我国投资体制改革陷入困境的重要原因。他建议必须以市场化为导向，积极转变政府投资职能来推进投资体制改革。国家要通过积极转变政府投资职能，建立市场化激励约束机制；通过大力鼓励和促进民间投资、建立高效的资本利用机制，提高投资效率。汪文祥[⑥]提出国家要稳步推进深化投资体制改革，必须首先完善顶层制度的设计，再进一步推出改革的详细方案，按照先易后难的

---

① 张汉亚：《我国投资体制的问题与改革方向》，《宏观经济研究》2003 年第 5 期。
② 沙治慧：《市场化：投资体制改革的必由之路》，《经济体制改革》2004 年第 3 期。
③ 刘志东、徐湘瑜、栾华等：《政府在投资中的定位问题研究》，《山东财经大学学报》2005 年第 1 期。
④ 钱维：《政府投资体制改革的方向：市场化》，《南京社会科学》2007 年第 3 期。
⑤ 杨飞虎：《经典模型对投资与经济增长问题的诠释及我国借鉴价值》，《经济问题探索》2009 年第 3 期。
⑥ 汪文祥：《深化投资体制改革的思路和措施》，《中国经贸导刊》2013 年第 16 期。

方式进行。首先要完善政府投资管理体制。其次要继续推进中央
投资与地方投资、政府投资与市场投资的分权改革。最后再积极
推进适应市场的不同投资需求的融资体系改革。

第四，从较为全面系统的角度研究我国的投资体制改革。耿明
斋[1]指出，我国经济正处于由计划经济向市场经济过渡的过程中，新
的投资体制和投资运作规则尚未建立。对解决如何建立独立的管理体
制和金融投资活动的运作规则，如何使投资活动从计划经济体制下的
管理体制向市场经济体制下的管理体制转变等问题进行了较为全面、
系统的研究。王耀中[2]在投资体制分析的总体框架中，将中西投资的
主要理论政策、发展战略和不同投资方式的比较分析有机地结合起
来，对投资理论、投资政策、历史变化和投资环境进行了全面系统的
比较。同时，他探讨了我国投资体制改革的重点和特点，并对最新数
据进行了实证分析，提出了适应我国社会主义市场经济要求的投资体
制改革思路和政策取向。李一花[3]不仅对地方政府投资的理论基础进
行深入研究，而且紧密结合了国内外的实际情况，对地方政府融资、
投资规模、投资机构、投资管理等内容进行了深入系统的研究，在一
定程度上形成了地方政府投资研究的相对完整的体系。

第五，关于投资体制改革的配套制度方面的研究。贾康[4]认
为投资体制改革的牵动面很大，需要同时推动多层次的配套制度
改革，建议进行财政的"分税制"改革，健全国有资产管理体系
和市场体系，完善企业经营机制。徐锦文[5]认为当前不完善的财
政体制和信贷体制制约了投资体制改革的顺利进行，因此要建立

① 耿明斋：《转轨时期的投资体制和投资运作方式》，中国经济出版社，2001，第 23 页。
② 王耀中：《中国投资体制转型研究：一种中西比较的新视角》，人民出版社，2002。
③ 李一花：《对地方政府退出竞争性投资领域的再思考》，《山东大学学报》（哲学社会科学版）2003 年第 2 期。
④ 贾康：《配套推进投资体制改革》，《中国改革》1987 年第 10 期。
⑤ 徐锦文：《以提高投资效益为中心、强化投资体制配套改革》，《湖北社会科学》1990 年第 10 期。

与投资体制相适应的财政体制和信贷体制。汪同三[1]认为投资体制改革的相关配套制度不够完善，财政制度、税收制度、知识产权制度改革的滞后阻碍了投资体制改革的顺利开展。他指出国有投资体制改革作为综合的系统改革工程，离不开各个配套系统改革的支持。

（三）以某一具体投资制度安排及其变迁为主要内容的研究。李建业[2]运用博弈论解释我国区域投资制度的历史变迁，指出改革开放前采取的投资制度是在综合考虑了公平和效率的基础上做出的科学决策；改革开放后采取效率优先兼顾公平的原则。杜沔[3]运用制度变迁理论阐释了我国风险投资公司制度的历史变迁路径，提出我国风险投资体制的创新需要将诱致性制度变迁和强制性制度变迁相结合。董志凯[4]认为改革开放后伴随着工业化的推进与改革，我国的固定资产投资大致经历了 1979～1988 年的以发展轻工业为主的加工制造业阶段、1989～1991 年的加强基础工业的阶段、1992～2001 年的投资结构向技术密集型转变的阶段。郝中中[5]将我国对外直接投资制度变迁划分为四个阶段，即 1978～1991 年的萌芽阶段、1992～2000 年的初步探索阶段、2001～2007 年的战略起步阶段、2008 年至今的快速扩张阶段。他提出国家要加强与国际投资制度接轨，尽快制定统一的对外直接投资管理法，并建立有效的公共服务机制等制度建议。

（四）以国有资本投资效率为主要内容的研究。从国内外研究现状看，关于国有资本投资体制的争论，大多是从国有企业投

---

① 汪同三：《中国投资体制改革 30 年研究》，经济管理出版社，2008，第 365 页。
② 李建业：《我国区域投资制度变迁的博弈解释》，《现代企业》2004 年第 11 期。
③ 杜沔：《我国风险投资公司制度创新——一个制度变迁理论的视角》，《科技管理研究》2006 年第 2 期。
④ 董志凯：《新中国固定资产投资历史研究概述》，《经济思想史评论》2007 年第 7 期。
⑤ 郝中中：《我国对外直接投资的制度变迁及特点分析》，《对外经贸实务》2014 年第 11 期。

资是否有效率的角度出发的。目前学术界没有对"国有资本投资效率"给出统一的完整定义。我国学术界从不同的角度,对国有资本投资效率问题进行了较为深入的研究。辛清泉、郑国坚、杨德明[1]发现企业集团的效率对于地方政府控制的上市公司的推动作用有限,地方政府的干预是企业集团成效变化的决定原因之一。张桂玲[2]重构了国有经济投资效率的评价架构,实证分析国有经济投资效率的演变,进而对提高国有经济投资效率提出了相关建议。从国有企业是否有效率的观点出发,樊纲[3]以产权和委托代理理论为基础,从国企产值占 GDP 比重、全要素生产率等角度说明国企是"非效率"的。他认为民营企业的资源配置效率优于国企,得出国有资本必须让位于私人资本的结论。常玉春[4]通过对大型国有企业的实证分析,揭示了当境外企业资产达到一定的临界点时,境外投资可以获得回报。中国企业要想取得国际上的成功,必须提前积累海外扩张的核心竞争力。何婧、徐龙炳[5]通过实证发现政治关联会削弱境外上市企业的效率,但在不同的股票市场上表现不同。政治关联不会影响在中国香港、新加坡和英国上市的中国企业的投资效率。他们发现,改善监管环境和信息披露有助于削弱政治关联的影响。葛顺奇、罗伟[6]认为国有企业进行境外投资的概率大于非国有企业。国有企业的竞争力越强,境外投资的可能性越大。而国有企业的利润率、债务率、出

---

① 辛清泉、郑国坚、杨德明:《企业集团、政府控制与投资效率》,《金融研究》2007 年第 10a 期。
② 张桂玲:《投资体制改革对国有经济投资效率的影响研究》,《财会月刊》2011 年第 15 期。
③ 樊纲:《通货紧缩、有效降价与经济波动——当前中国宏观经济若干特点的分析》,《经济研究》2003 年第 7 期。
④ 常玉春:《我国企业对外投资绩效的动态特征——以国有大型企业为例的实证分析》,《财贸经济》2011 年第 2 期。
⑤ 何婧、徐龙炳:《政治关联对境外上市企业投资效率的影响》,《经济管理》2012 年第 8 期。
⑥ 葛顺奇、罗伟:《中国制造业企业对外直接投资和母公司竞争优势》,《管理世界》2013 年第 6 期。

口强度、企业年限、地域等因素影响了其境外投资的决策。陈艳利、迟怡君[①]通过实证考察发现国有控股上市公司普遍存在过度投资行为，提出了扩大国有资本收益收取比例能有效抑制国企过度投资行为的观点。姚战琪[②]指出我国在参与境外直接投资中存在产业链脱节现象，影响了境外投资效率。

西方学者研究投资效率问题取得了相对丰硕的成果，对我国提高国有资本投资效率具有一定的借鉴意义。Jensen 和 Meckling[③]发现当管理层权力扩大时，他们会利用职权谋求利益，投资亏损的项目，从而降低了投资效率。Shleifer[④]指出官员为完成地方政府绩效考核指标，通常会利用权力干预企业。企业综合考虑到政权带来的隐性福利，会选择接受投资非营利性项目。Gugler 和 Yurto-glu[⑤]认为独立董事能有效抑制管理层的不当投资行为。当管理层盲目投资亏损项目时，独立董事通过监督管理层从而防范不恰当决策的发生，在一定程度上能提高企业的投资效率。La Porta[⑥]认为法治水平的提高能够通过规范金融市场投资主体的行为，为企业提供更多的资金支持。

综上所述，我们在肯定研究成果的同时，还应发现当前研究中存在的空缺。不足之处主要表现为以下两个方面。第一，在研究内容方面。我国的国有资本投资体制改革经历了多个阶段，而现有的

---

① 陈艳利、迟怡君：《央企投资效率与资本运营：由国有资本经营预算观察》，《改革》2015 年第 10 期。

② 姚战琪：《基于全球价值链视角的中国企业海外投资效率问题研究》，《国际贸易》2016 年第 2 期。

③ Jensen M C，Meckling W H. *Theory of the Firm*：*Managerial Behavior*，*Agency Costs and Ownership Structure* [M]. Social Science Electronic Publishing，1976，3 (4)：305 –360.

④ Shleifer A，Vishny R W. Politicians and Firms [J]. *Quarterly Journal of Economics*，1994，109 (4)：995 –1025.

⑤ Gugler K，Yurtoglu B B. Corporate governance and dividend pay – out policy in Germany [J]. *European Economic Review*，2003，47 (4)：731 –758.

⑥ La Porta R，Lopez – De – Silanes F，Shleifer A，et al.，Legal Determinants of External Finance [J]. *Journal of Finance*，1997：52.

研究主要是针对某一个阶段的研究。事实上，投资体制改革是一项长期的系统工程，需要在一个大的体系框架中分析各个阶段，才能更深入地分析我国国有资本投资体制改革的路径。第二，在研究方法方面。国内外学者的研究主要基于主观的定性分析，并没有下沉到应用层面提出国有资本投资体制深化改革的实践路径。同时，也缺少对国有资本投资体制改革评估的关注，只在其中少量涉及而且尚缺乏有针对性的全面、系统、深入的研究。

三　研究思路与研究方法

（一）研究思路

本书在借鉴已有研究成果的基础上，综合运用相关理论知识，主要考察了改革开放以来国有资本投资体制的历史变迁和改革历程，并归纳总结了各阶段模式。在历史考察的基础上，通过对现行的国有资本投资的运行效率进行实证分析，判断现阶段国有资本投资体制的特点和变化趋势。在借鉴市场经济国家投资体制的相关经验的基础上，本书分别从五个战略维度提出了改进我国国有资本投资体制的总体对策与实践路径。本书研究的逻辑框架如图 1 所示。

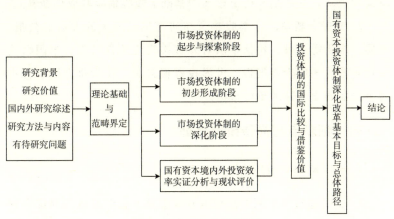

图 1　本书研究的逻辑框架

（二）研究方法

1. 理论分析法。本书主要以马克思主义政治经济学的相关理论为指导，适当吸收借鉴西方经济学有关理论的科学成分，综合使用了历史唯物主义理论、马克思主义的公有制理论、财政分权理论、制度变迁理论阐释了国有资本投资体制的历史变迁。

2. 运用经济学与历史学相结合的研究方法。我国的社会主义市场经济是建立在我国特殊的国情和历史传统之上的，因此采用历史学的视角研究我国的国有资本投资体制是必要的。本书充分运用经济学的理论方法对收集的历史材料进行深入剖析，并综合运用历史学的研究方法对经济现象进行动态分析，全面阐释了国有资本投资体制运行的规律。

3. 实证分析方法。采用单一定性的研究方法不能科学合理地得出结论，因此本书先后通过运用 FHP 理论模型、PVAR 模型对当前的国有资本投资体制的运行效率进行实证分析，并综合运用 AHP 层次分析法和 PSO 粒子群优化算法构建了当前的国有资本投资体制的评价指标体系。

4. 比较分析法。本书选取与我国具有可比性的市场经济国家的投资体制进行比较分析，横向考察了新加坡、波兰、挪威的投资体制模式，在总结其历史教训的基础上吸收借鉴其成功经验。

5. 文献分析法。本书收集了与研究主题相关的大量的公报、年鉴、报告等文献，包括中国对外直接投资统计公报、中国财政统计年鉴、中国投资报告、世界投资报告等，作为研究国有资本投资体制历史变迁的重要依据。

四 创新点与尚待研究之处

（一）本书的创新点

1. 本书通过专家问卷法征询专家意见，在专家咨询和综合判断的基础上进行指标筛选，最后构成了拥有 5 个二级指标、19 个三级指标及 74 个四级指标的国有资本投资体制评估指标体系，为客观评估我国国有资本投资体制的现状提供了分析工具，并为国有资本投资体制的深化改革提供了决策基础。

2. 本书站在系统论的角度考察国有资本投资体制内部各个分系统的历史演变，在总结国有资本投资体制改革现阶段历史特点的基础上，分别从投资决策机制、投资动力机制、投资调控机制、投资运行机制及投资信息机制五个空间维度解析了国有资本投资体制的深化改革路径。

（二） 尚待研究之处

由于理论水平和实践经验所限，本书对国有资本投资体制的深化改革的研究不够全面，今后还需要在以下几方面进行深入研究。

1. 如何保证国有资本投资方向的民生化

改革开放后，国家的经济建设取得了巨大的成功，但在民生事业领域则发展相对缓慢。在当前国内经济增速下滑的背景下，如何合理调整优化投资结构，引导国有资本投向民生事业领域，是国有资本投资体制改革进程中有待深入研究的课题。

2. 如何合理确定国有资本境内外投资的比例分配

我国开始全面实行对外开放战略后，国有资本的对外投资规模总体上逐年攀升，国有企业开始深度参与经济全球化进程。在当前逆全球化趋势的背景下，我国提出"一带一路"倡议是我国加强对外开放的重要步骤，也是深化境外投资体制改革的关键举措。如何合理确定国有资本境内外投资的比例分配则成为我国国有资本投资体制改革中值得研究和探讨的。

3. 如何保证国有资本投资体制改革的平稳过渡

在当前我国面临着逆全球化挑战的背景下，我国必然经历国有资本投资体制改革的瓶颈，如何保证国有资本投资体制改革的平稳过渡，需要根据实际情况就不同的问题制定相应的调整策略，而这些尚待进一步的研究。

第一章
国有资本投资体制的范畴界定及理论基础

第一节　国有资本投资体制的相关概念界定

研究国有资本投资体制，我们要重视对国有资本与国有资本投资、投资体制等相关基本概念的界定。如果相关概念的界定不明确，研究的范围就会被混淆，对国有资本投资体制的进一步研究也会受到影响。因此我们不能忽略对国有资本与国有资产、国有资本投资与财政性支出、投资体制和投资制度等基本概念的明确界定。

一　国有资本与国有资产

（一）国有资本与国有资产的概念阐释

国有资本是资本所有权归属于国家所有的资本。国有资本的产生一般有两条路径：第一条路径是在社会主义国家刚成立的早期，国家通过强制手段没收私人性质的资本，集中各种闲散经济资源和社会资源，主要目的是维护社会主义政权的安全和促进社会化生产及工业化。第二条途径是在社会主义市场经济体制建立后，国家凭借资本所有者的身份，通过投资形成大量的国有资本，为国家宏观调控和市场经济的发展提供充分的物质保障。

2001 年 4 月 28 日，财政部印发的《企业国有资本与财务管理暂行办法》，明确了国有资本是指国家对企业的投资所形成的权益以及其他所有合法权益。从财政部关于国有资本的阐述可知，国有资本包括两个方面的内涵。首先是国家作为经济活动的参与者，以资本所有者的身份对企业进行的各种投资。其次是国家以资本所有权投资所形成的各种权益，即国家不依靠政权的强制力，而仅凭借资本所有者身份享有资本所有权衍生的财产权益。从上述分析可以推断，国有资本包含两方面的属性，一方面是国有资本的保值增值属性，即一般属性；另一方面是国有资本的社会职能属性，即特殊属性。作为国家资本，国有资本不能像私人资本那样单纯追求利润最大化，还要兼顾社会职能的履行，这是其区别于私人资本的本质属性。因此，国有资本是上述两种属性的矛盾统一体。

在经济学界，国有资产的概念有广义和狭义的区别。广义的国有资产是指国家依靠政治权力获取或依据法律认定的各类财产及财产权利的总和。按照其各自行政管理部门的不同，可以划分为经营性国有资产、行政事业性国有资产、资源性国有资产和金融性国有资产四大类。① 根据中华人民共和国企业国有资产法，狭义的国有资产是指以营利为目的的经营性国有资产，国家凭借投资者的身份在企业中依法享有所有者权益。

（二）国有资本与国有资产的联系与区别

国有资本与国有资产有着相互联系又相互区别的关系。国有资本是国有资产的子集，是经营性国有资产的价值形态，但二者也有着本质的差异。

首先，二者的表现形式不同。国有资本表现为价值形态，以投入的货币或实物的价值计价。它是国家宏观调控、干预社会经济运行的重要手段。国有资本表现为价值形态，通常是用货币形

---

① 文宗瑜、谭静：《国资改革的依法推进及其分类管理》，《国有资产管理》2009 年第 1 期。

态来表示的，对它的计算与度量具有较强的可比性。而国有资产表现为实物形态。一般可以表现为资源性资产和特有资产两种不同的财产形态。它往往表现为有形或无形的物质形态，对其的度量通常采用物的度量尺度，表示为某一实物的数量。由于物的自然属性、功能及效用的不同，因此不同物种具有不可比性。

其次，国有资本与国有资产的管理方式、管理理念、管理规范都不同。国家对国有资本的考核大多只考核保值增值的效果，而不考虑资产的物质形态，但对国有资产则行使严格的管理权及监督权。

最后，国有资本与国有资产的运行方式不同。国有资本一般表现为一种运动的状态，资本始终处于运动之中，资本的本性就是要不断地去生产和获取剩余价值。而国有资产一般表现为静止的状态。它是国有资本的物质承担者。

（三）区别国有资本与国有资产内涵的研究意义

我国国有企业产权明晰应建立在"国有资本"与"国有资产"理论的基础上。明确"国有资本"与"国有资产"不同的内涵，可以指导我国的投资体制改革。

首先，国家能够更高效地布局和调控宏观经济。在当前供给侧结构性改革背景下，政府应当引导国有企业逐渐退出纯粹的竞争性产业，并不意味着将资本和资产全部退出。国家要有选择性地退出实体经营，根据不同时期的产业政策和社会任务转向参股或控股企业，灵活参与或退出某一产业部门；通过合理配置资本资源，服务于经济体制改革的需要。

其次，这是坚持社会主义生产资料公有制的体现。土地、矿藏等资源性资产是社会主义生产资料中最基本的生产资料。政府在享有这类资源的所有权的同时，有权监督和管理使用这类资产的企业，可以直接追究破坏国有资源的违法人员及组织的相关法律责任。

最后，有助于理顺国有企业改制中的重要矛盾。股份制改革后，国家由过去的企业所有者变为股东。区分国有资本与国有资产的内涵，能够解决社会主义生产资料公有制不变的前提下，按市场经济的要求发展经济的矛盾，解决当前国家与企业之间产权不明晰、国有资产流失等问题。

二　国有资本投资与民营资本投资、财政性支出及政府投资

国有资本投资与财政性支出、政府投资的概念长期存在主体混淆的问题，本书研究的对象是国有资本投资体制，必须明确国有资本投资与财政性支出、政府投资的区别。

（一）国有资本投资与民营资本投资

国有资本投资的主体是国务院和地方的国资委，投资的目的是在使国有资本保值增值的基础上履行国有资本的社会职能，取得国有资本的社会效益。国有资本投资要坚持经济效益原则，一般投资于资金回收期较短、经济效益较好的领域。而民营资本投资是与国有资本投资相对应的概念，泛指各种以民营资本进行的投资行为。它包括企业投资和居民的个人投资。其在投资的主体、投资的目的、资金的来源、投资的方式、投资的领域等方面，与国有资本投资都不相同。民营资本投资的投资主体是微观经济中的企业和个人。民营资本投资主要以营利为目的，投资的领域往往属于竞争性领域。其产权属于私人，具有一定的排他性与竞争性。

（二）国有资本投资与财政性支出

国有资本投资与财政性支出之间的联系主要体现在二者具有相互依存的关系，具体表现为以下三个方面：首先，二者是相互转换的关系。国有资本投资的部分收益通过税收形式转化为财政收入，部分利润被划归各级财政。而国家财政的重点建设项目在

建成经营后也会转化为国有资本，这就使财政的部分资金转化为国有资本。其次，二者是相互配合的关系。国家发展重点的大型基建项目，国有资本投资与国家或各级地方政府的财政支出是互相补充的关系。最后，二者是相互促进的关系。国有资本投资所获取的收益，为财政收入提供了稳定增长的来源，因而确保了财政性支出的稳定性；而通过财政支出的大型基础性建设也为国有资本的增长提供了良好的外部环境。

当然，国有资本投资与财政性支出存在明显的区别，具体表现为以下四个方面：首先，二者的来源不同。国有资本投资的来源是资本的所有权。财政性支出的来源是国家财政性收入，主要是国家依据政权的强制力征收的税收收入。其次，二者的主体与目的不同。国有资本投资的主体是国务院和地方的国资委，投资的目的是在使国有资本保值增值的基础上履行国有资本的社会职能并取得相应的社会效益。而财政性支出的主体是财政部及地方财政部门，财政性支出的目标以社会效益为主，并不注重经济利益。再次，二者的管理方法不同。对国有资本投资的管理主要采用市场化的经济手段，而对财政性支出的管理主要采用国家和地方财政预算的行政手段。最后，二者的投资方向不同。国有资本投资首先需要考虑符合效益原则的经济目标。而国家财政支出主要优先投资周期长、收益低、风险大的一些重点公共工程、能源、交通等基础设施建设项目。

（三）国有资本投资与政府投资

根据对相关文献的研究我们发现，国有资本投资与政府投资是两个容易混淆的概念，许多学者甚至将二者画了等号，实际上这两者之间存在显著的差异，主要体现在以下几个方面。

首先，投资主体不同。国有资本的投资主体是国务院国资委和各级地方国资委，而政府投资的主体一般是财政部以及各级财政部门。其次，投资目的不同，国有资本投资要坚持经济效益原则，一般投资于资金回收期较短、经济效益较好的领域。政府投资的主要领域是建设周期长、资金回笼慢、经济效益较差的领域，以国家发展战略、改善民生等为目标。最后，投资方式不同。国有资本投资主要以货币、股权、固定资产、无形资产等方式进行投资，而政府投资一般是以财政拨款的方式进行投资。

三 投资体制与投资制度

（一）投资体制的理论阐释

成为林、李焜文[①]认为投资体制是指投资的形成、分配、运用和收回节点上的各种关系、制度、形式、方法及组织机构的总和。耿明斋[②]指出投资体制是在投资活动过程中，投资要素之间根据一定的秩序连接起来，并按照一定的方式与机制相互作用，形成的特定的投资体制。如果这些要素之间的连接秩序和作用方式发生变化，投资体制类型会随之改变。如上所述，投资体制在我国一般是投资活动运行机制和管理制度的总称，即组织与管理投资经济活动所采取的基本制度。它具体包括投资主体的制度规范、投资决策机制、组织机构、投资利益的划分，融资途径及投资调控管理制度等。

从静态角度分析，投资体制可以分解为投资决策主体、投资形成的产权关系与投资的协调方式三个基本要素。其中，产权关系决定投资决策主体的层次和投资的协调方式，投资决策主体和投资的协调方式反作用于投资的产权关系。投资决策主体的层次主要体现为投资决策权在政府、企业及社会成员之间的分配，其核心问题是投资决策权在各个投资主体之间的集中与分散程度。投资形成的产权关系则严格界定人们在投资活动中的行为及相互

---

① 成为林、李焜文：《投资经济学》，华中理工大学出版社，1993，第 11 页。
② 耿明斋：《转轨时期的投资体制和投资运作方式》，中国经济出版社，2001，第 6 页。

关系。它的基本功能是通过界定投资的范围和方式，明确投资者在投资活动中的收益及补偿机制。投资的协调方式主要包括调控机制、激励机制、约束机制及信息传递机制。

从动态角度分析，投资体制可以分解为四个基本要素，投资主体、投资载体、投资对象与投资目的。投资主体在具备相应经济能力的基础上对自身的投资行为承担责任；投资载体是以货币金额统一计量的资金，同时，资产必须作价取得货币表现形态；投资对象受不同性质的投资主体制约，有生产性投资、实物投资、金融投资、人力资本投资等；投资的目的一般是取得预期收益，但不同投资主体的目的是不同的。

根据不同的投资主体，投资体制一般划分为政府主导型和市场主导型的投资体制。前者以政府作为最主要的投资主体，政府掌握投资决策权，依据经济发展战略，通过指令性计划调节资源配置，投资布局产业和项目。市场主导的投资体制是以企业或自然人作为投资主体，政府主要通过市场机制传导影响企业或个人的投资决策，并不直接干预企业的投资决策。企业或个人根据市场导向选择投资的地区、行业及项目。

（二）投资体制与投资制度的区别

投资制度是在投资过程中所形成的正式的惯例、契约、合同、法律、法规的总称。青木昌彦[1]强调了制度的稳定性主要来自人们的惯性思维对环境的相对稳定性的依赖，而体制内各个具体制度直接的互补关系影响着各构成要素功能的发挥。从比较经济学的研究角度来分析，体制是比制度内涵更加丰富、覆盖范围更广泛的集合概念，还包括制度以外的组织、行为主体和机制等内容。因此，投资体制是一个整体性的概念，它的内涵包含投资制度，但不

---

[1] 〔日〕青木昌彦：《经济体制的比较制度分析》，魏加宁等译，中国发展出版社，1999，第31页。

仅限于投资制度，投资制度的安排服从体制整体功能的需要。伴随改革的逐步深入，越来越多的投资制度被纳入了投资体制的范畴。投资体制作为整体的结构和功能决定着投资制度安排的作用，投资制度功能的发挥受到投资体制的制约。

严格区分投资体制与投资制度的概念主要有两个方面的意义。首先，投资体制是由一系列投资制度所构成的，而各种不同类型的投资制度之间存在较为复杂的关系。只有通过深入探析不同的投资制度类型，分析它们之间的相互关系和作用，才能深入剖析投资体制内部的结构，从而揭示其内在作用机理。其次，有助于进一步深化对制度变迁理论的研究，正确理解各种投资制度在投资体制中的不同地位和作用，从而推动制度变迁理论的发展。

第二节　国有资本投资体制的理论基础

对国有资本投资体制的理论基础进行归纳和梳理，既为国有资本投资体制的历史变迁和深化改革提供理论依据，也是论证投资体制改革的科学性和合理性的必要。新中国成立后，我国经济体制改革取得的巨大成功离不开对马克思主义历史唯物主义理论的合理应用。因此，本书主要以马克思的历史唯物主义理论为指导，适当借鉴西方的相关经济理论对国有资本投资体制进行展开研究。国有资本作为国家财产权利的集中体现需要运用马克思主义的公有制理论来阐释；国有资本投资体制改革是沿着分权化的思路对传统体制的集权体系进行重新配置的，因此有必要阐释财政分权理论；国有资本投资体制一直处在动态的变化过程中，嬗变的逻辑需要运用制度变迁理论来解释；国有资本投资体制涉及国民、政府、国资委、国有企业、企业管理者等复杂的多层级委托代理关系，需要阐析委托代理激励理论；中国是全球第二大吸引外资国和第三大对外投资国，无论从东道国维护本国利益，还是母国保护企业海外投资的视角，全球投资治理对中国都至关重要，我国国有资本投资体制的深化改革将促进全球治理体系的不断完善，因此有必要诠释全球治理理论的概念。本节将逐一介绍上述与国有资本投资体制相关的理论，为本书奠定理论基础。

一 历史唯物主义理论

（一） 历史唯物主义理论概述

历史唯物主义，属于马克思主义哲学的重要构成部分，也是科学地认识世界、改造世界的一般方法论。马克思认为人们会在社会生产中发生必然的、不以自身的意志为转移的关系，即同生产力的发展阶段相适应的生产关系。这些生产关系的总和构成了社会的经济结构。根据马克思的有关论述可定义经济基础为上层建筑赖以建立且与生产力的发展相适应的所有生产关系的总和。根据马克思的有关论述，可定义上层建筑为建立在一定经济基础上，并与一定物质基础相联系的政治、法律制度及与其相适应的意识形态。[①] 上层建筑的主体由政治法律制度和意识形态所构成。经济基础的性质决定了上层建筑的主体。上层建筑本质上属于人们思想的社会关系。但纯粹的思想是不能够发挥任何作用的，上层建筑必须建立在一定的物质基础之上，才能服务经济基础。上层建筑包括它在形成、运行及发展过程中起到作用的以团体等形式组织的人和其他相应的物质条件，而后者又被称为上层建筑的物质附属物。正因为经济基础的性质决定上层建筑的主体，所以上层建筑有质的和量的规定性。

马克思认为，虽然上层建筑是为了满足经济基础的需要、为经济基础服务的，但它和经济基础属于社会结构中的不同构成部分，两者间不可能完全协调，仍然会产生一定程度的或局部的矛盾。因为，一方面，上层建筑在任何时候都不能完全和绝对地适应经济基

[①] 《马克思恩格斯选集》第 2 卷，人民出版社，1972，第 82 页。

础的要求；另一方面，经济基础也在变化和发展。即使在相对稳定的阶段，也会发生定量和部分定性的变化。这些变化往往不能立即反映到上层建筑层面。只有适时调整不适应经济基础的上层建筑部分，使其及时适应经济基础的变化要求，才能够充分发挥上层建筑对经济基础的积极作用。具体而言，经济基础与上层建筑之间矛盾的调和存在革命或改革两种路径。当经济基础同上层建筑间的基本矛盾发展到极其严重的程度时，主要依靠社会革命来解决不可调和的矛盾。当然这期间也存在改革、改良等自我调节，但作用有限。西方发达国家为了巩固经济基础、稳定执政地位，通常更愿意通过改良、调节来缓解上层建筑和经济基础之间的矛盾。

（二）历史唯物主义理论与中国投资体制改革

国有资本投资体制作为经济体制的重要组成部分，总结其改革的失败教训及成功经验也必然要用马克思主义的历史唯物主义理论来诠释。迄今为止，国有资本投资体制作为上层建筑，必须与社会主义市场经济建设的需要相适应，因此有必要运用历史唯物主义理论来解释。

二 马克思主义的公有制理论

（一）马克思主义的公有制理论的概述

马克思的公有制理论包含深刻的科学内涵，但马克思关于对未来社会的公有制的构想不是关于实际经验的简单总结，而是一种科学的假设。马克思、恩格斯在其著作中阐述了未来的社会所有制："把资本变为公共的、属于社会全体成员的财产，这并不是把个人财产变为社会财产。"[①] 马克思、恩格斯把未来社会的所有制简称为公有制。他们认为社会发展的内在规律将驱使公有制

---

① 《马克思恩格斯选集》第1卷，人民出版社，1995，第287页。

取代私有制，这具有历史的必然性。当生产社会化发展到一定的程度，全体社会成员强烈要求占有生产资料时公有制便会产生。然而，公有制不会在社会变革中迅速实现，只有在社会发展到比较高的阶段时才能实现。只有在生产力发展到一定程度的情况下，才能够真正实现生产资料被全社会占有。马克思、恩格斯认为，未来的社会是建立在生产资料私有制被消灭的基础上的，因而商品生产和商品不再具备交换的条件，商品、货币和市场也就都不存在了。

马克思主义公有制理论的主要内涵体现在以下几个方面：第一，公有制经济是与生产力的发展要求相适应、建立在先进的生产力基础之上的所有制经济。第二，所有制关系反映了某种阶级关系。因此，无产阶级必须团结力量来夺取资产阶级所有的生产资料和资本，进而废除私有制，建立公有制。公有制和私有制是两种截然不同的、对立的关系，因此二者不能共存在同一个社会中。第三，一旦建立公有制的经济关系，必将改变分配关系。最后，随着公有制经济关系的建立，生产形式和社会运行方式也会发生相应的变化。马克思、恩格斯的公有制理论是在对私有制的经济关系进行深刻剖析研究的基础上提出的理论设想。

（二）马克思主义的公有制理论与中国投资体制改革

新中国成立之后，中国共产党高度重视马克思主义公有制理论，并在社会主义改造时期、改革开放新时期将马克思主义公有制理论同国有资本投资体制的实际情况相结合，使改革取得了显著成效。

三　财政分权理论

（一）财政分权理论的含义

财政分权是在政府职能或行政权力的基础上建立起来的，符合经济效率和公平原则，处理中央和地方政府之间以及各级政府之间关系的一种财政制度。它包含以下几大重要特征：首先，各级政府都有相对独立的财政收支范围，其收入支出具备独立性；其次，各级政府的财政权力和事权是统一的，能够高效地为公民提供最优的公共产品；再次，各级政府都具有民主性与公平性，在保证微观个体的利益的基础上，以民主的方式协调各经济体之间的利益冲突，以公平的方式向公众提供公开和透明的信息；复次，各级政府的职能和行为具有法律性与规范性，即政府的职能和行为具有法律依据；最后，财政分权应当具有相容性，在协调中央政府和地方政府利益的基础上，协调各级政府官员的个人利益和当地居民的利益。

（二）分权理论的分类

1. 财政分权理论的起源

传统财政分权理论也被称作联邦主义经济理论，蒂布特（Tiebout，1956）、马斯格雷夫（Musgrave，1959）和奥茨（Oates，1972）等人为这一理论领域做出了开创性的贡献，因此传统财政分权理论也被称为 TOM 模型。它以新古典经济学为理论分析框架，从经济学的角度研究了政府职能和财政工具在各级政府中的合理配置。西方传统的财政分权理论可追溯到 20 世纪。1956 年，美国经济学家蒂布特发表的《纯粹的地方公共支出理论》开启了财政分权理论的元年。蒂布特提出了著名的"以脚投票"理论，通过居民自由迁移到满足其公共产品偏好的司法管辖区，从而引发地方政府间的竞争，使地方政府能够像市场一样有效地提供公共产品。[①] 马斯格雷夫（1959）[②] 在中央和地方之间划分政府的

---

① Bewley T F. A Critique of Tiebout's Theory of Local Public Expenditures [J]. *Econometrica*, 1981, 49 (3): 713 - 740.

② Musgrave R A. The Theory of Multi - level Public Finance [J]. Proceedings of the Annual Conference on Taxation under the Auspices of the National Tax Association, 1959, 52: 266 - 278.

配置、分配和稳定三项职能。奥茨（1972）[①] 明确了财产税是地方性公共物品的主要资金来源，弥补了前两位学者在公共物品融资问题研究中的不足。

2. 布坎南的俱乐部理论

布坎南[②]认为一个地区是一个有共同兴趣的"俱乐部"，并研究了如何确定其最佳成员数量。布坎南的俱乐部理论主要包含以下两个核心观点，第一，从生产公共品的成本费用的角度来看，随着新会员加入俱乐部，现有会员产生的费用将由更多会员分担，因此降低整体的税负水平。第二，从公共物品利益共享的角度来看，俱乐部接纳新的会员，必然使公共设施更为紧张，产生外部的不经济性。如果公共物品的供给没有相应增加，现有的俱乐部成员就无法维持消费公共物品的数量和质量。布坎南的俱乐部理论充分说明了财政分权的必要性。俱乐部的最佳规模是新成员的边际成本节约等于外部不经济的边际成本增加。他的理论后来被一些经济学家用来解释地方政府最优管辖权的形成。

3. 施蒂格勒—夏普的最优分权论

美国经济学家施蒂格勒和夏普利用公共选择理论来证明地方政府权力下放的必要性。施蒂格勒[③]解释了地方政府存在的必要性，地方政府比中央政府更接近和理解公民的需要。不同地区的公民有权根据自己的需要对不同类型和数量的公共产品和服务进行投票。施蒂格勒认为最低层次的政府部门执行有关公民公共需要的决策，才能有效公平地分配资源。夏普认为，资源配置的最终目的是达到最大效用，因此资源配置的选择应以消费者的满意

---

① Oates, Mary I, William J. On the Economics of the Theater in Renaissance London [J] . *Swedish Journal of Economics*, 1972, 74 (1): 136 - 160.

② James M. Buchanan. An Economic Theory of Clubs [J] . *Economica*, 1965, 32 (165): 1 - 14.

③ George J. Stigler. The Tenable Range of Funetions of Local Government. Joint Economic Committee, U. S. Congress, federal expenditure policy for economic growth and stability, Nov 1957.

度为参考标准。一般情况下，消费者在公共物品的选择中体现出明显的区域性，地方政府通过满足区域利益来获得最优的资源配置效果。他建议财政分权应该以明晰的各级政府的职能为基础。虽然施蒂格勒提出在最低行政层次的政府部门执行有关公民公共需要的决策，但这并不意味着他完全否认中央政府的作用。他指出，要实现有效分配和公平分配的目标，可能需要更高级别的政府。特别是对于解决分配不均和地方政府间竞争摩擦的矛盾，中央政府的存在是合适的。

4. "偏好误识"分权理论

传统的分权理论认为，中央政府有能力准确地理解所有公民的消费偏好，并拥有适当的政策工具掌握社会的福利偏好序列。而当地区间产生利益冲突的时候，中央政府会统一解决地区间的矛盾和冲突。因此，地方政府就没必要进行分权改革，只要执行中央政府的决策就可以有效提供公共产品。

美国经济学家特里西质疑了传统分权理论设想的准确性，他采用模型分析认为，社会如果可以取得全部信息，那么其也可以完全确定经济活动。因此，地方政府在提供公共产品方面与中央政府没有什么不同。传统的分权理论是在最优环境下对中央政府进行分析的，而对中央政府存在错误认识公众偏好的可能性却并没有考虑到。在现实中，信息传递过程容易受到阻隔并失去真实性。在多层次的政府体制下，地方政府具有信息传递的优势。由于地方政府比中央政府更了解当地居民的需求，居民个人偏好的边际消费替代率是可以被准确了解的。而中央政府随机确定居民的边际消费替代率，因此存在"偏好误识"，导致中央政府提供的公共物品过多或不足。[1] 因此，地方政府提供公共产品可以回避此类风险，证明了有必要进行财政分权的改革。

---

[1] 刘金涛：《财政分权与中国经济增长关系研究》，科学出版社，2010，第80页。

5. "以脚投票"理论

蒂布特①提出了著名的"以脚投票"理论。他认为人们在寻求一种最佳组合，使当地政府所提供的公共产品和服务与其征收的税收相比可实现效用最大化。当某个地区达到最大化效用时，人们将选择在该地区工作，接受当地政府的管辖和服务。如同消费者在市场上购买物品满足自己的需要一样，人们选择的居住地的公共产品及服务与税收的组合往往是最符合其效用的。人们根据对公共品的需要程度为公共产品及服务付出税款。当人们的选择达到均衡状态时，每个人都能获得令人满意的公共产品和服务。人们根据对公共产品的需求分布在不同的地区，当转移地方也不能提升其福利水平的时候，产生的均衡就是帕累托效率的均衡。蒂布特的"以脚投票"理论是基于最优理论的。但"以脚投票"理论只指出了居民搬迁的原因，并没有表明重新安置过程达到平衡的必要条件。

（三）财政分权理论在国有资本投资体制中的应用

经过半个多世纪的不断探索，西方财政分权理论形成了较为完善的理论体系。逐步完善的财政分权理论为分权改革的实践提供了充分的理论依据。改革开放以来，我国经济的飞速增长离不开中国式的分权改革，而分权理论是解释中国奇迹的重要制度因素。当前，我国的国有资本投资体制也在进行分权制改革。在借鉴西方财政分权理论的基础上，我国应具体结合实际，系统地深入分析其理论，形成中国特色的分权理论指导实践，以此深化国有资本投资体制的分权式改革。

四 制度变迁理论

（一）制度变迁理论的内涵

20 世纪 70 年代，道格拉斯·诺斯作为制度变迁理论的主要

---

① Tiebout C M. A Pure Theory of Local Expenditures [J] . *Journal of Political Economy*, 1956, 64 (5): 416 - 424.

代表人物，强调了制度与效率的关系。他定义制度为经济主体之间合作与竞争的规则及其道德伦理行为的一系列安排。制度主要包括正式制度、非正式制度及其实施三个层面。[①] 而制度变迁是效率较高的制度替代效率相对低的制度的过程，即新制度的产生及其对旧制度的取代。制度变迁在受到制度供给和需求影响的同时，也受到制度安排的成本及收益的作用。制度供给不足往往是由社会资源的稀缺性造成的，而当制度的有效供给能够满足公众的有效需求时，制度会呈现为相对稳定的状态。当现有的制度无法满足公众基本需要的时候，会出现有效制度供给不足的情况，引发制度变迁。在制度变迁的过程中，当预测到潜在的收益会超过潜在成本的时候，国家才有充足的动力推动制度的变革。诺斯认为制度变迁的路径呈现出一种渐进性，政治家、企业家代表的社会团体是制度变迁的重要行为主体，而盈利预期、技术、规则等外生变量是制度变迁的主要来源。

国外学者对制度变迁并未给出较为明确的定义，而中国学者的定义主要包括以下内容：（1）制度是限制人们行为的一系列规则。制度变迁是指旧的制度安排产生变化、新的制度安排产生与建立及取代旧制度的过程，有渐进式和激进式两种实现方式，分别为诱致性制度变迁和强制性制度变迁。[②]（2）制度是经济主体或者行为主体之间利益的安排。而制度变迁是指由于体制环境的变化，经济主体的利益格局发生转变，通过相互博弈所达成的新的制度安排。[③]（3）制度变迁是指从一种制度结构向另一种制度结构的过渡或转变。它的实质是制度创新的过程，即更有效的体制安排的创新过程，是制度主体通过创建新的制度安排获得追加

---

① 诺斯：《制度、制度变迁与经济绩效》，上海三联书店，1994，第65页。
② 唐茂华：《我国房地产业发展的制度约束与政府管理》，《山西财经大学学报》2005年第4期。
③ 马捷：《基于制度需求——供给模型的我国农村劳动力转移分析》，《经济问题探索》2005年第4期。

利益的活动。[①]

（二）制度变迁理论的分类

传统西方经济学在分析问题时，始终以经济制度为既定前提，假定市场经济具有无摩擦交易、信息完整、产权界定明确的内在特征。新制度学派认识到这些假设特征的缺陷，指出在实体市场经济条件下，无摩擦交易、完全信息和明确界定的产权是不现实的。因此，新制度学派将制度纳入经济分析，强调制度在经济发展中的作用，形成了多种制度变迁理论。

1. 制度变迁二元并存论

林毅夫[②]根据"需求—供给"这一经典的理论构架把制度变迁方式划分为诱致（诱导）性变迁与强制性变迁。他认为，在一定技术条件的前提下，交易成本是制度安排选择的核心，以最低成本提供量化服务的制度安排将是最理想的状态。只有当改变制度安排的个人净收入超过制度变迁的成本时，才会发生自发的制度变迁。由于诱致性制度变迁交易费用昂贵，并且存在"搭便车"问题，其提供的新制度安排的供给大大少于最佳供给。因此，政府需要采取行动来弥补制度供给不足，从而产生强制性制度变迁。从定义上可以看出，诱导性制度变迁必然是某种在原有制度安排下无法获得的盈利机会所导致的，而强制性制度变迁则不是必需的。当政府预期的收益超过成本，政府就会积极推动制度变革，但它受到思想刚性、群体利益冲突、知识局限等诸多因素的影响。因此，政府可能无法建立最有效的制度安排。虽然林毅夫提出的两种制度变迁具有经典的理论价值，但用这两种制度变迁来解释中国制度变迁的实践路径是不够的。

---

① 李怀：《非正式制度探析：乡村社会的视角》，《西北民族研究》2004 年第 2 期。
② 林毅夫：《关于制度变迁的经济学理论：诱致型制度变迁与强制型制度变迁》，上海三联书店，1994，第 371～403 页。

2. 制度变迁的三阶段论

杨瑞龙[①]将具有独立利益目标与拥有资源配置权的地方政府引入制度经济学的分析框架，提出了"中间扩散型制度变迁方式"的理论假设。他指出，从中央集权的计划经济国家向市场经济体制成功过渡的现实路径是，通过改革供给主导的制度变迁模式，逐步向中间扩散型制度变迁模式转变。随着排他性产权的逐步建立，我国最终会转向需求诱致性的制度变迁，从而完成向市场经济体制的过渡。在特定的路径依赖下，改革之初我国选择了供给导向的制度变迁模式。如果我国要以这种制度变迁的方式完成向市场经济的过渡，就会遇到一个困难的"诺斯悖论"。当权力中心组织和实施制度创新时，它不仅具有通过降低交易成本来实现社会总产出最大化的动机，而且试图获得最大的垄断租金。因此，当统治者的垄断租金，与降低交易成本、促进经济增长的有效体系之间存在长期冲突，并面临竞争约束和交易成本约束时，统治者将容忍长期存在的低效产权结构。在供给导向型的制度变迁模式下，"诺斯悖论"表现为制度变迁模式与制度选择目标的冲突。据此，杨瑞龙提出了制度变迁的中间扩散理论。他认为随着放权让利的改革战略和财政分权体制的实施，拥有较大资源配置权的地方政府将变成追求经济利益最大化的政治组织。由于地方政府的经济实力增加，谈判能力发生了变化，其会重建新的政治和经济契约。当具有独立利益的地方政府成为沟通权力中心与微观主体之间的中介时，其有可能突破制度创新障碍，在保护有效产权结构和最大化垄断租金之间达成协议，化解"诺斯悖论"。

3. 制度变迁的主体角色转换假说

黄少安[②]认为单一主体的社会不会发生变革。社会上各方利

---

① 杨瑞龙：《我国制度变迁方式转换的三阶段论——兼论地方政府的制度创新行为》，《经济研究》1998 年第 1 期。
② 黄少安：《制度变迁主体角色转换假说及其对中国制度变革的解释》，《经济研究》1999 年第 1 期。

益相关者会参与到制度变迁中，但他们对制度变迁的支持程度是不同的。黄少安的"制度变迁主体角色转换假说"是从家庭联产承包责任制及国有企业制度改革等实践经验得出的。他认为在制度变迁过程中，中央政府、地方政府以及人民群众会发生角色转换，并且转换是可逆的。因此，他批判了杨瑞龙的"三阶段理论"以及制度变迁的"中间扩散"假设。对于"三阶段理论"，他认为中国制度变迁的过程不是简单而明确的，根本不存在"三阶段理论"。对于制度变迁模式的"中间扩散"假设，他指出将地方政府形容为微观主体与权力机构之间的"中介"是不合适的。地方政府和中央政府基本上是同一个组织或主体。这两者本质上没有改变，它们仍在追求自己的利益。此外，地方各级政府在制度创新过程中，作为本区域内的权力中心在降低交易成本的同时，要寻求垄断租金的最大化及促进区域经济的增长。地方政府有时要参与制度的创新，甚至充当创新的主角。虽然地方政府在制度创新中发挥着主导作用，但还没有具体的、相对独立的"中间扩散型制度变迁"阶段。

（三）制度变迁理论在国有资本投资体制中的应用

作为一项正式的制度安排，我国的国有资本投资体制在新中国成立后经历了一个持续的制度变迁过程。国有资本投资体制改革的主体是政府，因而中国投资体制的制度变迁是政府主导的强制性制度变迁。本书通过运用制度变迁理论，论证了我国国有资本投资体制的改革需要摆脱政府主导的强制性制度变迁的路径依赖，形成市场主导的投资体制。

五 委托代理激励理论

（一）委托代理激励理论的阐释

委托代理问题的激励研究是现代经济学中最重要、最基本，也是最困难的问题之一，这是因为委托代理激励理论中牵涉到人的利益冲突和不对称信息的问题。随着信息经济学、制度经济学的飞速发展，现代激励理论出现了一系列突破性的进展，成为令人振奋的现代经济理论研究和实践的前沿领域。委托代理问题的产生是由于委托人和代理人的效用函数经常不一致，代理人和委托人之间存在对工作信息、代理人能力、品德和偏好等的信息不对称，而度量代理人业绩的成本非常昂贵。[①] 所以，除非委托人能有效地约束代理人，否则代理人做出的决策通常不是最优的，这就有可能产生机会主义行为。委托代理问题的解决原则是建立一种激励机制，使代理人的行为有利于委托人的利益。

（二）委托代理激励理论的分类

进入 20 世纪 70 年代以后，由于科斯的产权理论和威廉姆森等人的交易费用理论的发展，信息经济学和契约理论在微观经济学领域的突破，始于科斯、伯利和米恩斯的现代企业委托代理理论在近年取得迅速发展，得出了如下主要研究结论。

1. 显性的委托代理激励理论

西方学者开创的委托代理理论和应用模型分析，主要解决委托代理关系中存在的信息不对称问题。他们根据信息不对称理论研究提出，激励措施是在委托人与代理人之间按一定的契约进行财产剩余索取权的分配，将剩余分配与经营绩效挂钩。这是目前绝大多数"两权"分离的公司实行的激励经理努力的方法，不同的只是剩余索取权的分配比例。

阿尔钦和德姆塞茨[②]提出的团队理论认为，企业采取团队模式进行生产使每一个成员的努力程度不可能被精确度量，这会导

---

① 张跃平、刘荆敏：《委托—代理激励理论实证研究综述》，《经济学动态》2003 年第 6 期。

② Alchian Armen, Demsetz Harold. Production, Information Costs and Economic Organization [J]. *American Economic Review*, 1972 (62)：777 - 795.

致人们"搭便车"式的机会主义行为产生。为此，需要设立监督者，并以剩余索取权对监督者进行激励。这是一个理论突破，将企业的交易费用从企业外部的市场交易领域扩展到企业内部的代理成本领域。1976 年，詹森和麦克林[1]在《公司理论：管理行为、代理成本和资本结构》一文中，用"代理成本"的概念，提出了与上述交易费用理论相类似的观点，认为"代理成本"是企业所有权结构的决定因素，让经营者成为完全剩余权益的拥有者，可以降低甚至消除代理成本。以夏皮罗和斯蒂格利茨[2]为代表的学者同样强调监督的重要性。

2. 隐性的委托代理激励理论

20 世纪 80 年代后，经济学将动态博弈理论引入委托代理关系的研究之中，论证了在多次重复代理关系情况下，竞争、声誉等隐性激励机制能够发挥激励代理人的作用，充实了长期委托代理关系中激励理论的内容。法玛[3]认为在竞争性经理市场上，经理的市场价值决定于其过去的经营业绩，从长期来看，经理必须对自己的行为负完全的责任。因此，即使没有显性激励的合同，经理也会有积极性努力工作，因为这样做可以改进自己在经理市场上的声誉，从而提高未来的收入。霍姆斯特姆[4]将上述思想模型化，形成代理人声誉模型。这一机制的作用在于，经理工作的质量是其努力和能力的一种信号，表现差的经理难以得到人们对他的良好预期，不仅内部提升的可能性下降，而且被其他企业重用的概率也很低。因此，由于外部压力的存在，该经理

---

① Jensen M C, Meckling W H. *Theory of the Firm*: *Managerial Behavior*, *Agency Costs*, *and Ownership Structure* [M]. Economics Social Institutions. Springer Netherlands, 1979: 305 – 360.

② Shapiro C, Stiglitz J E. Equilibrium Unemployment as a Worker Discipline Device [J]. *American Economic Review*, 1984, 74 (3): 433 – 444.

③ Fama E F, Jensen M C. Separation of Ownership and Control [J]. *Journal of Law & Economics*, 2013, 26 (2): 301 – 325.

④ Hölmstrom B. Moral Hazard and Observability [J]. *Bell Journal of Economics*, 1979, 10 (1): 74 – 91.

意识到偷懒可能有害于他未来事业的发展。由克瑞普斯等人①提出的声誉模型,解释了当参与人之间重复多次交易时,为了获取长期利益,参与人通常需要建立自己的声誉,使一定时期内的合作均衡能够实现。

在竞争、声誉激励机制理论中,证券市场中公司控制权接管的激励作用极为重要。哈里斯和雷维夫②发展的证券设计理论,建立了有关投票与剩余索取权相匹配的模型,认为证券是一种有效的公司控制手段。其主要观点是,通过投票来选择管理者的权力必须由那些承受经营风险的人掌握。这种理论用到经理激励研究方面,其重要影响表现为,只要将选择经理的权力交给那些承受经营风险的投票人,经营业绩不好的经理将会因此失去对企业的控制权,因此,这一选择机制会激励经理为获取企业控制权而努力经营,提高经营业绩。由此可见,经理激励的重要手段之一在于经理选择权的安排;把控制权与企业绩效相联系是激励有控制权欲望的经理提高经营业绩的重要条件。

(三) 委托代理激励理论在国有资本投资体制中的具体运用

国有资本投资体制改革需要建立一个具有激励性的多元投资主体共同参与的平台,才能够充分发挥市场投资主体对经济发展的推动作用,实现社会和经济的可持续发展。运用委托代理激励理论能够指导国有资本投资体制沿着市场主导的诱致性制度变迁的改革路径,通过制度安排推动投资体制的不断发展和完善。

---

① David Kreps, Paul Milgrom, John Roberts, Robert Wilson. Cooperation in the Finitely Repeated Prisoners' Dilemma [J] . *Journal of Economic*, 1982: 245 - 252.

② Harris and Raviv. Corporate Control Contests and Capital Structure [J] . *Journal of Financial Economics*, 1988 (20): 55 - 86.

六　全球投资治理理论

（一）全球投资治理理论的概念

世界银行在 1989 年首次提出了"治理危机"的概念，并在 1992 年发表了"治理与发展"的年度报告。随后，"治理"被广泛应用于众多场合，近年来在全球公共事务领域更是大行其道，全球治理理论应运而生，目前，全球治理理论已成为当前国际政治学领域中最为流行的概念之一。[①] 全球投资治理是全球治理的重要内容，但由于在全球层面缺乏对投资规则的共识，相较于贸易领域和金融领域，全球的投资治理实际上远远落后。从目前的研究趋势来看，国内学界对全球投资治理理论的关注程度逐年加强。

当前，全球投资治理体系的构成主要包括 WTO 框架下与投资有关的条款、数千个双边投资协定、数百个带有投资条款的自由贸易协定以及多种争端处理机制。这些投资协定条款相互交织、重叠，造成了投资领域里的"意大利面碗效应"，由于缺乏总体设计，产生了诸多系统性问题，包括范围和内容之间的差异、重复和矛盾等。[②]

作为一个新兴的理论概念，目前国内学者们对全球治理理论这一概念仍然在积极的研究探讨中，并没有形成统一的、系统的、明确的定义，但基于国内已有的理论成果，综观国内关于全球投资治理理论的研究文献，各类学者研究的侧重点各不相同，但主要都是围绕全球治理的主体、客体、实现途径、治理绩效这几个方面进行探讨的。看似已经围绕该理论展开了较为全面的研

---

① 王乐夫、刘亚平：《国际公共管理的新趋势：全球治理》，《学术研究》2003 年第 3 期。

② 文洋：《全球投资治理：现状、趋势及中国的参与路径》，《理论视野》2016 年第 10 期。

究，但目前都只是分散的、节点式的研究，鲜有学者能够综合已有的研究成果对该理论进行高屋建瓴的把握和综合。

从理论渊源来看，全球投资治理脱胎于全球治理，全球投资治理这一概念是全球治理概念被引入国际投资领域而产生的，是全球治理的具体化。[①]　与全球治理概念一样，全球投资治理的概念基于投资全球化、全球性投资问题以及国际投资体系变革而诞生，它是一个因理解和愿望不同而被赋予了不同内容的多元化概念，又是一个随时代变化而变化的动态概念。[②]

（二）全球投资治理理论的内涵

20 世纪末以来，国际投资活动迅猛发展，出现了前所未有的盛况，投资规模日益扩大，几乎所有的国家或地区都主动或被动地参与了国际投资活动，国际投资已经成为世界经济的核心纽带和经济全球化的主要驱动力。随着新兴经济体的崛起，国际投资格局发生了深刻的变化，以美国为代表的发达经济体仍占国际投资的主导地位，但其主导地位正遭受高速发展中的新兴经济体的严峻挑战，国际投资重心开始"东移"。然而，当前的国际投资领域体制建构明显落后，既没有一个综合性全球多边投资协定，也没有一个统一的国际监管机构，无法满足国际投资发展的需要。

现有的国际投资规则只能为 2/3 的全球 FDI 存量提供保护，仅覆盖了 1/5 的双边投资关系。全球投资治理的不足使该问题日益受到关注，相关研究集中在以下几个方面。

第一，国际投资体制和规则的总体研判。国内外有学者专门就国际投资体制和规则进行总体分析。崔凡、赵忠秀认为，当前

---

① 陈伟光：《全球治理与全球经济治理：若干问题的思考》，《教学与研究》2014 年第 2 期。

② 王小龙、陈伟光：《全球投资治理：发展演进与中国的参与路径》，《金融教育研究》2016 年第 1 期。

国际投资体制的发展正处于关键时期，区域经济一体化协议成为国际投资协定的重要形式，投资自由化进程方兴未艾。[1] 桑百川分析了现存国际投资规则的主要特点和内在矛盾，阐述了国际投资规则变迁的趋向。[2] 第二，对巨型 FTA 投资规则的研究。国内不少学者认为跨太平洋伙伴关系协议（TPP）和跨大西洋贸易与投资伙伴协议（TTIP）将重新塑造国际经济规则。特别是 TPP 所涉及的新规则被很多学者所关注，比如竞争中立、知识产权及劳工标准等议题。第三，对重点国际投资规则的研究。在上海自由贸易区成立之后，国内学者关注准入前国民待遇和负面清单投资管理模式的研究。也有学者重点研究 ISDS（投资者—东道国争端解决机制）、[3] 投资转移条款，[4] 以及征收条款等。[5]

关于全球投资治理的研究十分丰富，从微观的具体规则到宏观的国际投资规则体系都有涉及。由此也可以看到，世界各主要经济体对国际投资规则有强烈的需求，通过各种方式争取与自身利益相符的规则权利，而全球投资治理体系尚未形成，而且处在较快的变化发展之中。

（三）全球治理理论在国有资本投资体制中的应用

中国国有企业作为对外投资的最庞大的新兴经济体，逐步演变为全球投资治理中的重要参与者和引导者，对全球治理和全球经济的增长产生了较为积极的影响。中国作为目前世界上第二大

---

[1] 崔凡、赵忠秀：《当前国际投资体制的新特点与中国的战略》，《国际经济评论》2013 年第 2 期。

[2] 桑百川：《新一轮全球投资规则变迁的应对策略——以中美投资协定谈判为视角》，《人民论坛·学术前沿》2014 年第 2 期。

[3] 龚柏华：《TPP 协定投资者—东道国争端解决机制评述》，《上海对外经贸大学学报》2013 年第 1 期。

[4] 王朝恩、钱晓萍：《双边投资条约投资转移条款比较及中国的对策》，《亚太经济》2014 年第 4 期。

[5] Kriebaum, U., 2014, "FET and Expropriation in the（Invisible）EU Model BIT", *The Journal of World Investment & Trade*, 15（3-4）: 454-483.

投资国，越来越关注保护企业对外直接投资，建立强大的国际投资法律和政策制度，致力于促进外国企业在中国以及中国企业在国外的经营。因此，国有资本投资体制的深化改革与全球投资治理密切相关，运用全球投资治理理论，有利于国有资本投资体制在推动全球投资治理议题方面的发展，有利于在全球投资治理上进行重大的新突破、新改革，有望更加有效地改革全球治理体系。

第二章
市场主导投资体制的起步与探索阶段
（1979～1992 年）

本章系统梳理了我国市场主导的投资体制的起步与探索阶段，并将其分为两个阶段进行考察。同时，本章通过史料查证和数据分析总结了其发展取得的成效，从中探求我国国有资本投资体制的内在规律和历史经验。

第一节　市场主导投资体制的起步阶段
（1979～1984 年）

改革开放以后，我国的国有企业改革先后经历了放权让利、承包经营、转换企业经营机制、建立现代企业制度等阶段。1979～1984 年是投资领域改革的初始阶段，这一阶段改革的基本特征是简政放权、缩小指令性计划范围以及初步实施市场化。1978 年，我国召开了党的十一届三中全会，正式拉开了投资体制改革的序幕。改革开放后的投资体制改革是以提高政府投资建设效益为目标的。1979 年 8 月，基本建设领域"拨改贷"的试点破除了计划经济的财政无偿拨款模式，迈出了投资资金来源多渠道的第一步。1980 年，国家扩大了建筑业企业自治权，制定了利润留成制度。1982 年，国家试行了工程招标制度。1983 年国家规定要论证基本建设项目的可行性，对基本建设项目实行"全面经济责任制"。[①] 在这一

---

① 王寿如：《论经济特区政府固定资产投资体制改革》，《致富时代》2011 年第 2 期。

时期，政府在保证投资主体地位的基础上，将部分投资决策权逐级下放。这一阶段改革的主要特点如下。

一　企业开始成为政府母体外的投资主体

1978年，四川省率先选取了六家地方的国营企业，进行扩大企业自主权的试点，由此拉开了国有企业改革的大幕。1979年7月，国务院正式发布了《关于扩大国营企业经营管理自主权的若干规定》，给予国营企业以生产经营、机构设置、资金运用等多个方面的自主权。此外，当年我国试运行折旧基金留存制度，恢复了企业基金制度。次年，我国扩大了企业自治的试点范围，并规定企业有权将留存的利润进行再投资。1979年8月，国家开展了拨款转为贷款的试点。1980年，国家开始推行投资包干责任制，以强化企业的投资主体责任意识。1981年，有独立核算及还款能力的企业应当根据国家的规定，在充分使用自有资金的情况下，将基本建设所需资金改为银行贷款。1983年3月，为完善建设项目的投资合同责任制，国家计划委员会等部门联合制定并颁布了《建设项目投资合同责任制试行办法》。1984年，国家进一步规定国家投资的全部建设项目，应当根据有偿使用的原则转为银行贷款。[1]　政府将可用于投资的资金以贷款的形式投入，而不是像过去一样无偿拨款给企业；不再将企业视为自身的一部分，而是将其视为不同类型的主体。同时，企业能够使用其创造的利润，并且可以通过贷款以市场化的形式进行投融资。企业初步掌握了一定程度的投资决策权，开始成为政府以外的另一种投资主体。

二　投资决策权的初步下放

投资体制改革从扩大国有企业的自治权开始，随着国有企业

---

① 陈晨：《中国投资体制改革中的政府职能定位研究》，中国社会科学出版社，2011，第83~84页。

的自主权不断扩大，市场机制初露端倪。1978 年，国家在四川省率先开展"利润留成制"的试点项目，迈开了扩大企业自主权的第一步。1979 年，国家进一步颁布了《关于扩大国营企业经营管理自主权的若干规定》，该规定指出企业可以根据国家规定，自主安排固定资产折旧基金及利润分成。规定在所有权不变的前提下，打破了投资决策权被政府垄断的局面。企业获取了被政府严格掌握的决策权，在完成国家安排的计划的条件下能够根据市场生产相应的产品，取得自主决策带来的经济效益。市场机制的引入使非公有制经济的发展有了空间。1984 年 10 月，国家为改变计划经济体制管理过于集中的弊端，进一步缩小指令性计划的范围，并扩大了市场机制调节的范围。此外，国家通过简化项目审批程序，进一步扩大了企业的投资决策权。同年，国务院颁布了《关于进一步扩大国营工业企业自主权的暂行规定》，扩大了企业的产品定价权、资金使用权、生产经营计划权、物资选购权、资产处置权、产品销售权、机构设置权、工资奖金使用权等多项经营自主权。

三　压缩财政预算内的基本建设投资

为了保证全国人民消费水平的提高，国家不断压缩基本建设规模。1978 年，国家预算投资为 389 亿元，1979 年为 397 亿元，1980 年进一步减至 300 亿元。[①] 要把减少基本建设规模作为进一步调整经济的重要环节，就必须降低积累及消费的开支，缓解国民收入分配的问题。此外，国家采取了有力措施管理大中型基本建设项目，将所有大中型基建项目和小规模基建项目分别纳入国家及地方的基建计划。通过上述规定，国家基本解决了大规模的基本建设问题，在平衡财政收支的基础上，极大改善了投资结构。1981 年，与人民生活密切相关的轻工业比例从上年的 9.1%

---

① 国家统计局：《中国统计年鉴》，中国统计出版社，1986，第 449 页。

持续上升到 10%；非生产性建筑业的比例从 35.7% 上升到 43%。新建项目不断减少，重建和扩建项目的投资比例从 1979 年的 41% 增加到 1980 年的 47%。[①]

四　侧重于投资结构的经济整顿

1982 年 12 月第五届全国人民代表大会第五次会议审议通过了第六个五年计划。"六五"的基本任务是继续解决阻碍经济发展的历史遗留问题。"六五"期间，要从根本上改善金融和经济形势，为国民经济和社会发展打好基础，创造更好的条件。"六五"计划继续扩大固定资产投资，但结构有所调整，强调提高投入产出比例。其中，能源运输是基础设施投资的重点。国家要求企业通过节约能源和原材料，改进产品结构，提高产品质量。在这五年中，国家进行了大型企业的技术改造，改变了整个国民经济骨干企业的技术特征，加快了机电产品的更新换代。

自 1982 年国家提出加强重点工程建设的政策以后，经济运行直至 1983 年上半年仍未扭转局面。从 1 月到 6 月，在国家启动的 10000 多个基础设施项目中，国家预算内的投资仅仅完成了国家计划的 34%。[②] 为此，1983 年 6 月 25 日，中央召开工作会议，决定实施行政措施，通过集中人力、物力、财力，重点保证能源、交通的建设。首先，国家规定将各项基本建设资金纳入计划，通过下达指令性指标严格控制基础设施投资的总规模；清理在建项目，大量压缩重复建设项目；对地区实施行政管理问责制，确保各地区、各部门不突破国家控制额度。

五　对外直接投资的政策保障

十一届三中全会后，1979 年 8 月 13 日，在改革开放的指导

---

①　国家统计局：《中国统计年鉴》，中国统计出版社，1986，第 450~451 页。

②　武力：《中华人民共和国经济史》，中国时代经济出版社，1999，第 712~715 页。

下，国务院提出了 15 个经济改革措施，这是我国首次出台鼓励发展对外直接投资的相关政策，为我国企业的对外直接投资奠定了基础。为了贯彻执行国务院提出的"要出国办企业"的政策，1981 年原外经贸部颁发《关于在国外开设合营企业的暂行规定》及《关于在国外开设非贸易性企业的暂行规定》，1984 年又制定了《中国对外投资开办非贸易性企业的暂行审批程序和管理办法》。在国家政策的扶持下，有对外经济合作经验的一些企业，率先在国外开设对外贸易公司。1979 年 11 月，北京友谊商务有限公司首先在东京成立合资企业，建立了第一个海外联合企业。

第二节 市场主导投资体制的探索阶段
(1985～1992 年)

投资体制关系到国家和企业、中央与地方投资权限的划分，又直接涉及生产力的长期布局和结构调整。改革投资体制是计划体制改革中实现宏观经济有效控制的关键。因此，"十三大"明确指出，体制改革的目标模式是"国家调控市场，市场引导企业"。首先提出重点改革投资体制，目的是解决中央包揽过多导致的投资结构不合理、资金来源不稳定、投资效益差等弊病，抑制"投资饥渴"这一旧体制下吃"大锅饭"形成的顽症。

一 市场主导投资体制的探索阶段的改革内容

改革的主要内容是：（1）划分中央、地方的投资范围。中央和地方分别建立了相应的投资决策责任机制。国家投资的范围仅限于公用基础设施、大型企业及战略产业。各级地方政府负责决策区域性的公用基础设施的建设。企业根据行业政策，综合使用银行贷款、社会融资及国家补助等方法解决资金需要，对投资决策承担相应的责任。（2）建立基本建设基金制度，即把国家财政内的建设预算作为固定资金渠道征收，构成基本建设资金，与其他财政收入分开征收，专用于循环资金；确保关键建设投资，包括农业、基础工业和基础设施。（3）成立综合性投资公司和投资银行。投资公司作为国家管理的特殊企业，按国家计划采取招标、投标和投资包干等经济办法管理投资，讲求经济效益，改变原来按条块分钱的行政办法。成立投资开发银行，管理基本建设基金和用于重点建设的贷款。投资开发银行是一家不以营利为目的的国家政策性银行，它必须按国家计划行事，其盈亏责任由投资公司承担。（4）在设计、施工中实行招标投标制度，并妥善解决设计、施工单位与原主管部门之间的关系，打破部门和地区界限，开展竞争，提高投资效益。（5）为配合投资体制改革，相应改革物资、财政、税收体制。为了解决条块分割的物资分配体制，1988年中央决定结合国务院机构改革，整合中央管理的各部门物资机构，减少物资资料分配和管理的中间层次。国家将计划分配的重要生产资料指标直接分配给企业，生产企业需要的材料，由材料企业按照招标内容直接提供。这样既减少了流通环节，又为发展生产资料市场、实现政府职能转变创造了条件。（6）在金融体系中，首先要做好社会资金的综合平衡。强化中央银行的宏观调控功能，包括严格控制货币流通和信贷规模，完善存款准备金制度，加强银行对企业的监督。同时，进一步发展和完善资本市场，加快资金周转。包括建立以中国人民银行为主导的跨制度、全面、开放的融资市场，开放企业、个人、银行之间以及地区之间的融资渠道；允许重点建设项目和重点企业发行中长期债券；建立证券公司等中介机构，增加企业直接融资比重等，以适应发展经济的需要；在财税方面，主要是以行政权力划分为基础，明确界定中央和地方财政收入，实行中央和地方两级分别编制复式预算、自求平衡的体制。（7）1987年，国家推行了承包经营责任制，通过"包死基数、确保上交、超收多留、欠收自补"的手段，在一定程度上调动了企业积极性。

在此阶段，为了控制投资规模的膨胀，国家除了继续下放投资决策权、充分发挥市场和竞争机制的作用外，开始构建投资活动的宏观调控体系，统一协调全国的基本建设。1988 年，国务院出台了针对投融资体制改革的第一份政策性文件，即《关于投资管理体制的近期改革方案》。该方案总结了投融资体制改革的经验教训，全面系统地提出了投资体制改革的基本目标任务及促进改革的一系列措施。

二 市场主导投资体制的探索阶段的主要成果

这一阶段的投融资体制改革，围绕着深化精简政府、分权改革、完善投资计划管理、强化投资者自我约束机制及充分发挥市场机制的目标，还制定和实施了一系列具有标志性意义的改革措施。该阶段改革的主要成果，体现在如下几个方面。

第一，建筑企业和工程设计单位走上了市场化竞争的道路。1984 年 9 月，国家提出要积极推行分包招标承包制度，要求改革旧的行政分配方式，实施招投标。发包单位首选勘测设计单位和建筑安装企业，并强调要打破地区封锁和行业封锁，鼓励竞争，防止垄断。① 随后，国家计委和建设部在总结试点经验的基础上，发布了《建设工程招标投标暂行规定》，要求"列入国家、部门和地区计划的建设工程，除某些不适宜招标的特殊工程外，均按照本规定进行招标"，并对建设工程实行招标投标制的范围，招标投标的形式、程序及内容做出了全面规定。《暂行规定》不仅规定工程施工推行招标投标，而且将勘察设计、施工、设备采购以及项目建设全过程均列入了招投标范围。规定强调建筑企业和工程设计单位要积极打破部门和区域界限，在承包工程中要推行招投标制度。经过一系列改革，建筑企业和工程设计单位最终从政府机构中分离出来，走上了企业发展的道路。在 20 世纪 80 年

① 王寿如：《论经济特区政府固定资产投资体制改革》，《致富时代》2011 年第 2 期。

代初，为了在建设中运用市场竞争机制，降低建设成本，深圳特区和广东省、吉林省等地已经试行了工程招投标合同制度。

第二，国有企业逐渐成为自负盈亏的投资主体。首先，1983年，国家针对国有企业分别出台了第一步利改税和第二步利改税工作后，于1986年出台并推广了承包制。这一系列改革措施在扩大企业自主权的基础上，增加了企业自有的可用于投资的私人资金。其次，"拨改贷"得以全面推行使企业的自主权进一步强化。1984年，国家允许国有企业在完成国家生产计划的前提下，在经营、销售、人事、奖金等方面享有自主权。最后，金融体制的深化改革扩大了企业的投资决策权。1984年，以工行、农行、中行、建行为代表的商业性专业银行从人民银行中分离出来。由此，商业性专业银行开始以商业贷款的形式提供企业发展需要的原始资金，客观上帮助国有企业逐渐转变为投资主体。

第三，区分指令性计划项目和指导性计划项目。1984年，投资体制改革开始涉及投资决策中的规划问题和市场问题，重点是促进权力下放、引入市场机制和加强投资责任的改革。地方建设项目不断增加后，投资建设由中央和省级管理。1985年，投资体制的改革主要建立在之前改革的基础上，通过简政放权，实现决策科学化。具体的改革涉及进一步减少投资的指令性计划，扩大指导性计划；加强预算外资金管理；将国民经济评价纳入建设项目决策，建立投资项目评价体系；配套开展金融改革和开放资本市场；全面推进"拨改贷"制度。

第四，优化调整投资结构。1984年，国家大力清理基建项目、减少固定资产投资规模，重申要严格执行计划，实行行政首长负责制。国务院把追加的投资以及按照国家规定不纳入计划规模的特区建设投资纳入基本建设总规模，以便国家控制。1985年，固定资产投资膨胀的关键原因在于投资结构不合理。一是地方、企业自筹投资的一般加工工业的建设过度扩张，而且技术落后，相互重复；二是非生产性建设投资的比重偏大。这种结构状况不利于缓解经济发展的瓶颈，迫使国家增加了对能源、交通、原材料等基础产业和基础设施的投资，导致整个投资规模膨胀。因此，控制固定资产的投资规模，建立合理的投资结构是稳定经济全局的关键。首先，在规划安排上，国家贯彻"三保三压"方针（即保证计划内建设、减少计划外建设，保证生产性建设、减少非生产性建设，保证国家重点建设、减少非重点建设），对技术改造投资继续加以支持，但积极引导其资金真正用于企业改造，促进技术进步。其次，利用信贷、税收等经济杠杆，增加重点建设的资金投入，控制当地企业的一般加工业和非生产性项目的建设。此外，积极提倡按投资比例分产品、分利润，鼓励地方与中央、地方与地方之间联合建设能源交通项目。这些经济办法进一步扩大了重点建设资金的来源，限制了一般加工工业项目，特别是计划外项目的膨胀。

第五，非国有投资主体迅速成长。国家明确了企业的投资权利和责任，扩大了企业投融资的决策权，使企业成为一般项目的主要投资主体。企业在国家计划和法律的指导下，有权独立筹集企业发展所需要的资金和物资，独立决定投资方式和方案，自主支配所得的投资收益。这一时期，非国有投资主体得到了迅速成长。1984年5月，国家在以天津、上海为代表的港口城市设立经济技术开发区，鼓励其发展"三资"企业，放宽这些城市利用外资项目的审批权限。次年，国家进一步开放了长三角、珠三角等沿海经济开发区。1988年，我国形成了由沿海向内陆全面开放的格局，由"经济特区—沿海开放城市—沿海经济开发区—内陆"组成。另外，国家逐步放宽对农民经营活动的限制，允许农民或集体投资非农企业，使乡镇企业、以城市个体工商户为主体的城市民营投资主体迅速成长。随着非国有投资主体的快速发展，计划投资体制的影响日益缩小。[①]

第六，建立基金制和投资公司。1988年6月，国家出台的

---

① 曹晋生：《企业发展中的银行融资》，经济管理出版社，2002，第136页。

《关于投资管理体制的近期改革方案》拟从以下七个方面对投资体制进行改革：加强地方重点建设责任制、扩大企业投资决策权、设立基本建设基金、设立国家和地方投资公司、完善投资计划管理、强化投资者的约束机制、充分发挥市场机制的作用等。其中最突出的改革措施是建立基金制和投资公司。1988年7月，国务院正式决定设立中央基本建设基金。该基金由五部分组成，即能源交通建设资金的集中使用部分、建设税的集中使用部分、铁道部预算基金的基本建设部分、国家预算贷款收回的本息、财政额度分配部分。国家将预算内基本建设投资按经营性和非经营性分开管理。在使用方面，由国家计划委员会负责编制具体分配计划，将基建资金与财政预算支出分开管理。建设银行严格按照计划分配和监督，包括财政预算中专项资金的筹集和支出，年末结账和周转的使用，并接受财政部门的监督。基本建设基金制度确保了国家重点建设项目的稳定资金来源。中央基本建设基金的设立，促进了一批基础设施以及重大社会发展项目的完成和投产，有效缓解了"瓶颈"制约。1988年，国家计划委员会先后批准成立了能源、交通运输、农林等六大专业投资公司。这些专业投资公司负责本行业中央投资的经营性固定资产的管理和经营。国家专业投资公司作为具有法人资格的公司承担国家政策投资的职能，是管理投资运行的执行主体。此外，它具有控股公司的职能，通过固定资产投资的开发与经营使资本得以保值增值。

　　第七，实行重大长期建设投资的分级管理，强化地方重点建设责任。这一阶段的改革初步明确了中央和地方政府的投资权限和职责，并对重大建设投资进行了不同层次的管理。中央负责全国范围和跨地区的重大项目，地方则负责地方性的一般项目。改革具体划分了中央和地方投资的范围。国家严格按照"谁投资谁获益"的原则，充分调动地方投资的积极性。针对中央承担的任务过重的问题，以及资金分散，能源、交通运输和基础原材料供需矛盾日益突出等问题，国家在中央与地方两个层面重新合理划分了投资范围，实行中央与地方两级配置、两级调控的投资管理体制。

第八，国家初步建立以产业政策为重点的宏观调控体系。1987 年 6 月 25 日，国务院颁布的《中华人民共和国建筑税暂行条例》取消了定向调整税，按照国家产业政策实行了差别税率。条例的颁布标志着我国开始利用经济杠杆手段调整投资方向。1989 年 3 月 15 日，国务院发布了关于产业政策的相关文件，首次通过制定产业政策，界定政府鼓励、限制和禁止的工业、产品和技术，表明政府对投资方向的支持或限制态度，为产业结构的调整和宏观调控的实施奠定了一定的基础。1991 年，为了控制投资规模、优化投资结构，国务院制定了《中华人民共和国固定资产投资方向调节税暂行条例》。[①]

第九，由单一集中向分散转变的投资方式。固定资产投资已从集中投资转变为分散投资，固定资产投资呈现多种经济成分并存的局面。1978 年，在全社会投资中，全民所有制单位具有绝对优势。1985 年，全民所有制单位的比重下降了一半。由于国家财力向地方企业分散，财政的主导作用让位于银行，资金渠道逐渐多元化。1985 年，全民所有制固定资产的国家拨款由 1978 年的 66% 下降到 26%。国家开始大幅度下放投资的审批权，地方部门不仅审批预算外的项目，而且可自行审批投资金额在 3000 万元内的预算内项目。国家放宽沿海开放城市利用外资建设项目的审批权，使投资决策更趋分散。

第十，建立证券交易市场，为直接融资的发展创造条件。1990 年 11 月 26 日和 1991 年 6 月 30 日，国务院先后批准在上海和深圳设立证券交易所，这意味着为企业投资开辟新的资金来源。[②]

虽然这一时期国家以治理整顿为主，但投资体制改革迈出了实质性步伐。1989～1991 年是中国经济治理和整顿的时期。投资

---

① 宋丽娜：《固定资产投资审计的创新方向》，《现代审计与会计》2011 年第 12 期。
② 李卫东：《地市级国有投资公司的发展定位分析》，《中国科技投资》2014 年第 A07 期。

方面基本上没有出现什么新的改革举措。1992年，随着国家经济体制改革进入一个新阶段，国家开始研究和制定一个能够适应经济和社会发展的系统投资制度改革方案。随后的改革中，国家更加规范了对投资建设项目和投资资金的管理。1991年，随着经济形势的改善，投资体制改革正式开始。当年的一项重要措施是取消建筑税和引入固定资产投资调节税。1992年初邓小平同志的南方谈话，澄清了一些长期困扰我们的理论是非，使中国的改革翻开了新的一页。同年，中国共产党第十四次全国代表大会确定了我国今后的改革目标是建立社会主义市场经济体制。政府在该目标的引导下进行了"拨改贷"、承包责任制、项目法人责任制、资本金制度等制度的改革，我国初步建立起了投资体制的基本框架。

第三节 对市场主导投资体制的起步与探索阶段的历史评价

这一时期，国有资本投资以沿海地区为重心。在国家政策指引下，国有企业对轻工业和农业的投资有所增加。国有企业的投资自主权不断扩大，开始成为投资主体。

一 改革开放初期投资体制改革的主要成效

改革开放后，国有资本投资体制改革取得了积极的成效，促进了国民经济的快速发展。经过改革，我国在宏观经济调控方面取得了显著的进步。我国改革了传统按国家计划安排的投资活动，剥离了与政府合二为一的微观主体，在逐步下放权力的同时加强了宏观管理。初期的投资体制改革对实现资金来源的多渠道、投资主体的多元化、项目运营的市场化起着重要作用，在一定程度上调动了各类投资主体的积极性，对国民经济和社会的发展做出了重要贡献。这一时期，国有资本投资体制改革取得了积极成效，主要体现在以下几个方面。

第一，多元化的投资主体初步形成。1992 年 5 月，国务院出台了《全民所有制工业企业转换经营机制条例》。条例提出要坚持政企分开，企业对其经营管理的财产享有占有、使用和依法处置的权利；企业成为独立享有民事权利、承担民事义务的企业法人。由于扩大地方政府和企业的项目审批权，各类非国有经济投资主体逐渐成为投资增长的重要动力。第二，政府投资的重心逐渐转移到公共服务事业上，进一步改善了宏观经济的运行环境，有利于形成"国退民进"的经济发展格局。第三，投资管理制度逐步建立健全。主要表现为国有企业与民营企业的竞争日趋平等化，投资项目融资和建设逐步市场化，政府公开审判条件和程序，提高了工作效率。第四，在有计划商品经济体制逐步兴起的同时，我国开展了对外直接投资。我国在实行所有权与经营权分离、扩大企业自主权的政策后，一些专业贸易公司和具有对外经济合作经验的国有企业率先开始对外投资。其中，大型集团企业和国际信托投资公司也加入对外直接投资的队伍，国有企业正式独立开展了生产经营活动。

二　改革开放初期投资体制改革的主要缺陷

政府从计划经济体制向市场经济体制的转变是一个从量变到质变的过程。由于微观层面企业角色的复位和宏观层面国家角色的定位二者的转变节奏与方向不匹配，改革的制度成本非常高，主要表现在两方面，一方面是国家没有同步下放财权与事权导致了扭曲的投资结构；另一方面是国家的政策目标在"放权"与"收权"之间反复摇摆不定增大了投资决策的风险。投资体制的巨变使国家宏观调控的难度加大，导致投资膨胀在分权格局下似乎势头更猛。国家的分权改革迫使地方政府为了资金不被平调而加快投资，盲目追求收益高的短期行为造成了结构失衡的局面。

三　市场主导投资体制的起步与探索阶段的历史述评

图1总结了这一时期国有资本投资体制的历史特点。

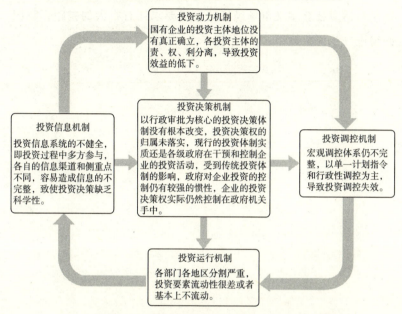

图1　市场主导投资体制的起步与探索阶段的系统图鉴

这一阶段我国的市场体制逐渐发展完善，逐步影响投资决策，并触及投资体制改革的核心。随着经济体制改革的重点转到城市，我国的投资体制改革开始涉及投资决策中计划与市场之间关系的核心问题，首次提出了改革开放以来系统全面的投资体制改革方案。然而，在新体制替代旧体制的进程中，新体制的不健全、旧体制的惯性作用、改革政策措施的不相容等多方面因素，导致了宏观调控体系的失灵、现有投资体系的投资规模膨胀等问题。我国固定资产投资的宏观调控是以政府的行政权力为支撑的，如果不能从根本上解决投资结构失衡的问题，将不可避免地导致宏观失衡、投资规模扩张、产业结构失衡。此外，我国没有落实投资决策权的归属，现行的投资体制实质还是各级政府在干预和控制企业的投资活动。在此体制下，各投资主体的责、权、利分离，导致投资效益低下。不完善的投资信息系统导致投资者的决策行为缺乏科学性，致使宏观调控决策存在主观性和滞后性，使投资收益不能取得预期效果。综上所述，这一阶段的投资体制与适应社会主义市场经济的发展要求还有很大的差距，我国必须进一步深化改革。

第三章

市场主导的投资体制的形成阶段
(1993~2004 年)

本章系统梳理了市场主导的投资体制的形成历程，将其分为市场经济体制初步建立时期和市场经济体制形成时期的投资体制改革进行考察。相较于成熟的市场经济国家的发展水平，这一时期我国国有资本投资体制还处于起步阶段。但这个阶段我国投资体制的市场化机制得到了加强，为深化改革积累了不少宝贵的经验。

第一节　市场经济体制初步建立时期的投资体制改革（1993~1999 年）

一　市场经济体制初步建立时期的投资体制改革的主要内容

20 世纪 90 年代初治理通货膨胀，为了达到标本兼治的目的，国家运用产业政策及相关配套政策，强化对内资和外商投资的引导。此外，在完善对固定资产投资的宏观调控的基础上，国家出台了一系列改革投融资体制的措施，逐步建立和完善了投资风险约束机制。邓小平同志的南方谈话和第十四次全国代表大会加快了改革步伐，确立了建设社会主义市场经济体制的目标。全会提出市场要在资源配置中发挥基础性作用，要改革企业产权制度，建立现代企业制度。1992 年，我国实行了现代企业制度改革。同年，我国召开了中共十四大，会议明确了建立社会主义市场经济的经济体制改革目标，提出了国有企业建立现代企业制度的目标和步骤，将全民所有制企业由"国营企业"改为"国有企业"，对国有资产实行国家统一所有、政府分级监管、企业自主经营的体制。1993 年，党的十四届三中全会在确定社会主义市场经济体制改革的总目标的基础上，指出了投资体制进一步改革的主要方向和基本内容。投资体制改革以此为标志进入一个新的阶段。[①]

中国共产党第十四次全国代表大会明确提出了建立社会主义市场经济的改革目标，从而改变了过去"摸着石头过河"思想方法指导下国家被动走向市场化的局面，开始主动地、系统地、有秩序地走向以市场经济为目标的改革进程。与此同时，中国的投资体制改革也在继续推进。具体而言，可以从以下几个方面来描述其改革过程。1993 年，国家为了完善投资管理体系，建议将投资项目分为三类：公益性、基础性和竞争性。公益事业项目主要由中央和地方共同投资；基础项目主要由政府投资；有竞争力的项目则由企业投资。1994 年，国务院颁布了《关于进一步选择一批国有大中型企业进行现代企业制度试点的方案》，展开了国有企业建立现代企业制度的试点工作。公司化改制在国家保持出资人地位的基础上，使国有企业具备了独立的法人资格。国家根据投入的资本额为限承担相应的责任，并以营利为目标参与市场竞争。现代企业制度的试点标志着我国的国有企业改革开始逐步向国有资本运营的方向转移。中共十五大把改革的重点转向国有资本，积极推动国有企业适应市场机制。中共十五届四中全会通过的《关于国有企业改革和发展若干重大问题的决定》，明确了国有资本运营的概念。全会指出我国要按照国家所有、分级管理、

---

① 唐敏：《中国改革开放三十年伟大成就和经验启示研究》，陕西师范大学硕士学位论文，2009，第 18 页。

授权经营、分工监督的原则，逐步建立健全国有资产管理、监督及营运体制。由此，国有企业改革的目标由提高国有企业经营效益转为提高国有资本的投资效率，政府由管国有企业转变为管国有资本。1998 年 3 月，新一届政府在其施政纲领中，将投资体制改革列为我国当时的五大重点改革内容之一，并明确指出了当时的投融资体制主要执行行政审批制度，因而不能发挥市场在资源配置中的作用。这造成了许多重复建设，必须进行根本性改革，使之符合市场经济的要求。

二 市场经济体制初步建立时期的投资体制改革的主要成果

第一，实施项目建设法人责任制。 改革开放以来，我国先后试行了多种形式的投资项目责任制，由于责任主体及范围、目标、权利、风险承担形式等均不明确，严重影响了投资约束机制的建立。项目法人责任制由项目法人负责项目的筹划、融资、贷款本金和利息的偿还、运营及资产的维护和增值等全过程，明确规定项目经营者和投资者的权利义务，以及项目法人对投资承担的风险，基本使投资责任落到了实处。[1] 1994 年，根据党的十四届三中全会精神，国家采取措施改革工程建设责任制；企业法人应当按照国家有关规定，独立决定融资、招标、施工实施、生产经营、人员任免等事项。1994 年，国务院启动了财政、税收、投资、计划、企业、外汇、外贸等综合改革方案，当年被称为中国经济体制改革年。对投资体制的改革主要是明确不同投资主体的投资范围及方式。当年的改革由于举措多、力度大，被认为是中国投资体制改革的第五个高潮。1996 年 3 月，国家计划委员会正式发布了建设项目法人责任制的暂行规定，并取消了建设项目业主负责制暂行规定。规定要求国有单位经营的大中型基本建设项

---

① 武力：《中华人民共和国经济史》，中国时代经济出版社，1999，第 872 页。

目，在建设阶段要确认项目法人。项目法人要依照相关规定设立公司，在享受投资决策权利的同时承担投资决策的风险和责任。同时，企业法人要根据法人责任制的相关要求，严格执行政府以"拨改贷"形式出资建设的项目、以专业投资公司的身份间接投资建设的项目、政府安排银行贷款进行建设的项目、国有企业利用自有资金及商业银行贷款筹建的项目，使各类项目投资的组织及管理都与政府行政部门分开，使政府行为转变为企业行为。

第二，进一步规范政府投资行为。1985 年，我国全面启动政府投资资金的"拨改贷"改革。"拨改贷"降低了国有企业的过度资金需求，提高了使用政府投资资金的效率。但随着我国市场化改革的深入发展，市场主体在使用"拨改贷"资金时出现了资产负债率过高、利息负担重、竞争力低下等一系列新问题。为了解决使用"拨改贷"资金企业的困难，并使其与市场化的规则接轨，1995 年 9 月，国家计划委员会联合财政部发布了《关于将部分企业"拨改贷"资金本息余额转为国家资本金的实施办法》。同年，国务院批准了国家计委、财政部、国家经贸委的《关于将部分企业"拨改贷"资金本息余额转为国有资本金的意见》。按照规定，符合条件的企业可以将划拨贷款的资本余额的一部分或者全部转为国有资本。

第三，投资项目实行资本金制度。至此，我国的投资项目已经从完全的财政拨款逐步转变为以贷款为主的债务建设。但在实际操作中，企业由于负债比例过大，有的甚至全部负债，在项目竣工后背上了沉重的负担，影响了其正常的生产和管理。"零成本投资"已成为推动企业扩大投资规模的重要动力。在计划经济向市场经济过渡的早期，一方面由于政府投资资金的"拨改贷"；另一方面，由于大部分的银行资金通过计划指令的形式贷款给企业用作固定资产投资，形成了很多自有资本金很少甚至根本没有资本金的所谓的国有企业。不管是理论分析还是市场经济国家的成熟经验，都证明没有资本金或资本金比例很低的企业在市场经济条件下是很难正常生存的。在中国，随着市场化改革的深入发展，这些企业的生存自然变得越来越困难。为了与市场经济接轨，杜绝此类现象继续发生，1996年8月，国务院正式发布了《关于固定资产投资项目试行资本金制度的通知》。通知要求对国有单位的基本建设、技术改造房地产开发项目和集体投资的各种经营性投资项目，从1996年起实行资本金制度。投资项目必须要落实资本金后才能启动建设。个体私营企业的经营性投资项目，参照本通知的规定执行。通知规定凡需要融资的经营性项目，投资者必须使用规定来源的资金，投资规定比例的金额，否则项目不被批准。国家对固定资产投资的监管不再依赖计划指标，而主要利用经济手段调整，这为实施项目法人责任制奠定了基础。

第四，政府明确了宏观调控主体的角色。1994年，国家明确提出政府要逐步改变直接调控的手段，主要运用存款准备金率、中央银行贷款利率等间接手段来实现国家对投资活动的宏观调控。同年，国家合并了六大专业投资公司和建设银行的政策性业务，设立国家开发银行作为专门承担政策性业务的金融机构。国开行是一家主要从经济发展的角度来评价及选择项目、不以营利为目的的政策性银行。它将原先各个专业投资公司的分散状态的政府资本投资资金，汇总到统一的金融机构集中管理，将政府基本建设资金投资到国家需要引导的行业领域。它是政府从直接的行政干预投资行为转变到使用间接的政策调控方式的重要标志。

第五，重大工程建设管理更加规范。1998年，国家计委发布了国家重点鼓励企业发展的技术、产品、产业目录，以此引导企业的投资活动。同年，国家决定检查国债项目和大型国家项目，并在国家计委内部新设国家重大项目的监察员办公室。同时，国家开始实施重大建设项目的专项审计制度。1999年，财政部发布了《关于加强基础设施建设资金管理和监督的通知》，强调必须对资金来源加强管理，保证建设资金及时足额到位。凡使用国债资金或其他财政资金进行建设的项目，都要认真做好项目概算的审查工作。同年，国家计委发布了《重大建设项目违规问题举报办法》，要求各个相关单位和广大群众在重大项目的施工过程中发现其违反法规的状况可以报告国家计委。2000年，国家颁布了《中华人民共和国招标投标法》。同年，国家计委发布了国家重大项目的相关检查办法，确定设立在国家计委内部的国家重大项目稽察办每年都要对国家投资的一些大型项目进行稽察。2001年，审计署颁布了《审计机关国家建设项目审计准则》，规定了审计机关对国家建设项目进行审计的主要内容和相关问题。2002年1月，国家计委颁布了《国家重大建设项目招投标监督暂行办法》，对国家重大建设项目招标投标的监督机制做出了具体规定。①

　　第六，建立政策性投融资体制。1993年12月，国务院提出要将银行的政策性业务与商业性业务分开的改革建议，批准了中国人民银行的金融体制改革计划。1994年3月17日，国家正式成立了国家开发银行。国家开发银行成立后，按照政策性业务与商业性业务分开的原则，负责发放政策性贷款。政策性项目主要包括经济发展的"瓶颈"项目、提升综合国力的支柱产业重点项目、高新技术应用的重大项目和跨地区的重大基础设施项目等。1994年，按照国家计划，国家开发银行要向各金融机构发行金融债券，国家财政开始批准中国国家开发银行的资金。国家开发银行成立后，政策性投资贷款业务从专业银行贷款业务中分离出来。建设银行、工商银行、中国银行等专业商业银行的主要工作是提供商业性项目贷款，开始逐步向商业银行过渡。经国务院批准，国家在对六大国有投资公司进行重组整顿的基础上，于1995年5月成立了国家开发投资公司。它属于国有政策性投资机构，其主要任务是参与投资国家政策指引的项目，在国家开发银行监督下实现国有资产的保值增值。② 此外，1995年11月，国家开发

----

① 王寿如：《论经济特区政府固定资产投资体制改革》，《致富时代》2011年第2期。
② 陈波、丁国瑾：《关于我国固定资产投资审计的若干问题及对策》，《山西财经大学学报》2007年第S1期。

投资公司联合各地国有投资机构成立了中国投资协会，这是我国第一家由国有投资机构构成的行业协会。

第七，建立投资的风险约束机制。国家全面落实招标投标制度和工程监理制度，健全企业投资的激励机制，鼓励和引导社会资金增加投入。随着社会主义市场经济体制的逐步建立，国家推行招标投标制的力度进一步加大。十四届五中全会提出要全面落实法人责任制和招标投标制，把招标投标制度的实施与市场经济体制的建设紧密联系起来。1995年12月，国家建设部和计委发布了工程建设监理条例，旨在建立市场经济体制下的建设监督制度。对工程建设监理从建设监理的职责、范围、内容到监理程序、监理单位和监理人员的资质，以及政府对监理市场及监理人员的管理，做出了比较全面的规定。1997年8月，国家计委发布了国家大中型基本建设工程的招投标规定。国家大中型基本建设项目要根据市场经济的要求建立招投标制度。1998年8月，建设部从培育统一的建筑市场的角度对全社会各类投资的投标招标活动做出了规定。1999年3月，国务院办公厅出台了基础设施工程质量管理的相关通知，进一步要求对国家投资项目的勘察设计、工程施工、主要设备和材料采购、工程监理实行公开投标招标，强调禁止任何单位或个人利用任何形式或名义干涉招投标活动。通过这些措施，招投标已成为工程勘察设计、工程建设、设备材料采购、工程监理的主要方式。同年，国家对所有基础设施项目和国家投资的项目提出了具体的监理要求，全面推行工程监理制度。

第八，不断扩大对外直接投资。在社会主义市场经济体制的初步形成过程中，现代企业制度在大中型国有企业中逐步建立起来。随着产权进一步清晰和经营机制不断完善，跨国经营逐渐成为国企发展战略的重要组成部分，因此国有企业也开始积极开展对外直接投资活动。参与对外投资的企业类型及数量持续不断增加，中国对外直接投资呈现出快速增长的势头，这大大拓宽了我国对外直接投资的领域。这一时期，我国建立了相对完整、独立的国民经济体系和现代产业体系，综合国力显著增强。在国际经济结构中，中国日益增长的经济比重和地位使其成为中国企业对外直接投资的重要竞争优势。[①]

综上，该阶段投资体制的改革主要是在国家政策引导下，通过规范项目的投融资方式、明确投资主体的投资范围、运用市场机制配置建设资金、强化投资风险约束机制、建立严格的投资决策责任制，建立起基于产业政策的投资调控体系，并合理运用经济、行政及必要的法律手段，在法律规范下开展投资活动。投资体制改革取得了明显成效，有力地支持了现代化建设。

第二节　市场经济体制形成时期的投资体制改革（2000~2003 年）

在市场经济体制形成时期的投资体制下，我国国有资本投资结构的明显变化是重工业在工业投资中所占比重不断攀升。其中，轻纺工业占整个工业的比重显著下降，装备制造业的比重持续上升。

一　市场经济体制形成时期的投资体制改革的主要内容

第一，实施招标投标法。1999 年 8 月，第九届全国人民代表大会常务委员会第十一次会议通过的《中华人民共和国招标投标法》，于 2000 年 1 月 1 日实施。它的制定和实施，体现了保护公共利益、规范招标投标的立法宗旨。其后几年的时间里，政府一直推广和完善招标投标的相关法规，取得了明显成果。2000 年 5 月国家颁布了关于项目招标范围和规模的标准。2000 年 7 月，国

---

① 刘锡良、吕娅娴、苗文龙：《国际风险冲击与金融市场波动》，《中国经济问题》2014 年第 3 期。

家计委制定了关于招标公告的标准。2002年5月，85%国家出资的项目实现公开招标。2002年11月，国家要求能源建设项目必须进行招标；2003年5月1日起，国家实施《工程建设项目施工招标投标办法》。

第二，**《国家重大建设项目稽察办法》制定和实施。**1999年12月，国务院办公厅颁布了《国家重大建设项目稽察办法》，该办法从2000年1月30日起实施。该办法的主要目的是通过对国家重大建设项目进行监督，保证工程质量及资金安全，提高投资效益。随着重大项目稽察工作的不断推进，重大项目稽察制度的不断完善，该项工作对发现和纠正重大项目建设中出现的问题、提高项目建设管理水平、保护国家公共利益和提高投资效益做出了很大贡献。

第三，**以企业为投资主体的深化改革。**十五届四中全会提出我国要加快投融资体制改革，就必须要建立投资风险的约束机制，严格执行项目法人责任制和项目资本金制。政府应以制定产业政策和发布信息为指导，鼓励资金投资于具有市场效益的产品及有技术水平的项目，并严格控制国内生产能力明显超过市场需求的新项目。这些改革措施对促进企业形成投资主体，发挥了积极有效的作用。[①]

第四，**投资领域向民营和外商不断开放。**从2002年开始，各级部门和政府出台了关于扩大民营资本的投资领域的十几份政策文件。2002年2月，国家计委允许民间资本进入外商投资领域；2002年11月，四川九大领域向民间资本开放；2002年12月，辽宁进一步放宽民间投资政策限制；2002年12月，深证的经营性领域加大向社会资本开放力度；2002年12月，铁路建设领域向各类资本开放；2003年1月，国内公用事业领域全面开放；2003年2月，民间资本投资汽车产业限制放宽；2003年3

---

① 汪同三：《中国投资体制改革30年研究》，经济管理出版社，2008，第136页。

月，民营企业获出版物批发经营权；2003 年 5 月，北京公交、水、气投资领域全面开放；2003 年 6 月，广东向外资开放文化产业投资领域；2003 年 8 月，中国允许民营资本进入出版物发行市场；2003 年 9 月，商务部放宽国内企业申请外贸经营权的资格要求；2003 年 12 月，辽宁排出国退民进时间表；2004 年 1 月，国家六大领域向国内私营经济开放。从 2001 年开始，外经贸部和其他部门的对外资投资领域开放力度也不断加大。2001 年 9 月，国家的十大领域放宽外商投资限制；2002 年 6 月，外商可直接投资民用机场和航空公司；2002 年 11 月，外资建筑企业可承包四类工程；2003 年 2 月，外商可投资货物运输企业；2003 年 3 月，外商投资外贸公司的审批放宽；2003 年 4 月，外资企业可参与城市规划服务。

第五，对外直接投资的战略方针指引着我国对外直接投资的具体实践。1996 年，国家计划发展以能源、新材料、高科技等领域为重点的对外投资，鼓励优秀的大中型企业与发展中国家合作开展多种形式的合资经营，发展具有国际竞争力的跨国企业集团。1997 年，党的十五大报告进一步指出，我国企业要更积极地面对经济和科技全球化的趋势，拓宽多层次、宽领域的全面对外开放的新格局，继续发展开放型经济，不断增强国际竞争力。2000 年，党的第十五届中央委员会第五次全体会议建议国家实施"走出去"战略，积极利用国内国外的资源和市场，鼓励我国充分发挥比较优势，支持有竞争力的跨国经营企业扩大经济技术合作的领域；国家应当加强对境外企业的管理及对投资活动的协调，抓紧制定和规范境外投资管理体制，同时应当在信贷、保险等方面给予企业帮助。2002 年，党的十六大报告指出，我国实施"走出去"战略是迈出对外开放新阶段的关键一步。国家应当鼓励和支持有比较优势的各类企业对外投资，通过商品和劳务出口形成有实力的国际企业和知名品牌；国家应当积极参与区域经济交流与合作，在扩大对外开放的同时，高度重视维护我国的经济安全。由此可见，这一时期我国的对外投资战略取得重要发展。自提出"走出去"战略后，我国的对外投资地位发生了显著变化，开启了与外商投资齐头并进的新时代。

第六，与投资体制改革相关的政策。中共十六大召开后，我国开始实行国有资产管理体制，以此推动国有企业改革。党的十六大明确提出，要建立中央和地方政府分级代表国家履行出资人职责的制度，分级享有其所有者权益，并制定权利、义务和责任相统一的法律法规，形成管资产同管人、管事相结合的国有资产管理体制。2001年11月7日，国家计划委员会取消审批第一批五大类投资项目。取消审批事项的主要是：不需要中央政府投资的项目；国家产业政策鼓励发展的项目；总投资额度以内的项目；由地方政府资助的项目；企业出资的项目。第一批取消的五类审批事项有：1. 城市的基础设施建设项目。2. 不需要中央投资的农业、林业、水利等项目。3. 由地方政府和企业自有资金建立的社会公共事业项目。4. 房地产开发建设项目。5. 商业贸易设施项目。为了搞好宏观调控，国家计委将继续保留部分审批项目。对使用中央政府投资的项目，涉及战略资源开发利用，跨流域、跨省、协调区域经济发展的项目，以及国家产业政策限制开发和有特殊规定的项目将继续保留审批。[1]

二 对市场经济体制形成时期的投资体制改革的简要评述

从总体上看，该阶段有关投资体制改革的举措主要分散地体现在各种不同的文件中，而且许多是作为其他体制改革的一种配套性改革措施。在此期间，投资体制改革内容主要涉及进一步扩大地方和企业的基本建设投资决策权，减少国家指令性计划以及重组国家专业投资公司等方面。相比其他体制的改革进程，投资

---

① 汪同三：《中国投资体制改革30年研究》，经济管理出版社，2008，第138页。

体制改革的进展是相对缓慢的。国家没有出台类似于财政体制改革、金融体制改革及外贸体制改革那样专门的纲领性文件。

第三节　市场主导的投资体制的形成阶段历史述评

图 1 总结了市场主导的投资体制形成阶段的历史特点。

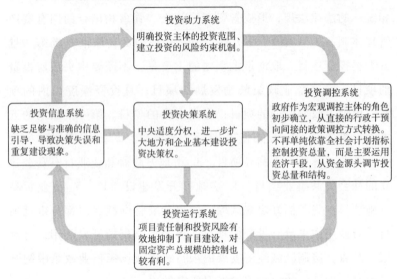

图 1　市场主导的投资体制的系统图鉴

　　市场经济体制初步建立后，我国的国有资本投资体制改革由小到大、由点到面，从较低的起点走上了一条符合国情、具有中国特色、系统发展的道路，取得了举世瞩目的成就。这一期间，我国财政、税收、金融等与投资体制相关的制度改革也取得了重要进展，对投资体制的深化改革发挥了较大的作用。

　　1993 年下半年开始的宏观调控，使中国经济顺利实现软着陆，继续向好的方向发展。但是，在这种相对稳定的经济形势下，中国经济运行长期积累的诸多深层次矛盾已浮出水面，尤其是投资膨胀导致的投资低效率的循环问题日益严重。各方投资主体为了各自利益重复建设、忽略成本形成的"散乱差"的投资格局，导致国有企业效益低下，加剧了经济结构恶化。这种影响我国经济进入良性循环的顽症形成了"宏观叫好、微观叫苦"的显著反差。大多数国有企业存在负债高、资金紧缺的问题，面对亟须调整的结构和无法再投资的局面，企业不得不将银行信贷基金和国有资产用于垫背，用坚持改革开放的稳定目标倒逼政府，迫使政府陷入救济与改革的两难境地。相较于世界先进国家的发展水平，在这一时期，我国的国有资本投资体制还处于起步阶段，存在不少问题。但不可否认，这个阶段我国的国有资本投资体制改革取得了突出的阶段性成果，为深化改革积累了不少宝贵的经验。

第四章
市场主导的投资体制的深化改革阶段
（2004 年至今）

在市场主导的投资体制的深化改革阶段，政府在投资领域的垄断局面被打破，优化了国有资本投资的宏观运行环境，极大促进了国民经济的发展。但由于我国投资体制改革所涉及的利益关系错综复杂，还没有从根本上解决一些深层次的矛盾，离我国建立完善的社会主义市场经济体制的目标还有较大的差距。

第一节　市场主导的投资体制的深化改革阶段的历史嬗变（2004~2015 年）

一　市场主导的投资体制的系统改革

2003 年以后是国有企业改革的制度完善时期，我国先后经历了完善国有资产监督管理体制和国有企业股权多元化的阶段。中央、省、市（地）三级国有资产监管机构相继组建，《企业国有资产监督管理暂行条例》等法规规章相继出台。中共十七大指出，要深化国有企业公司制股份制改革，健全现代企业制度，优化国有经济布局，增强国有经济活力、控制力、影响力；以现代产权为基础，发展混合所有制经济。2003 年 10 月，党的十六届三中全会通过了《关于完善社会主义市场经济体制若干问题的决定》。决定指出深化投资体制改革的方向是要进一步确立企业作为投资主体的地位，明确了国家的审批范围和权限；指出国家的作用是引导社会投资方向，通过规划和政策引导、信息传播和市场准入的标准化，抑制无序竞争和盲目重复建设。

2004年7月22日，国务院发布了《关于投资体制改革的决定》。《决定》明确提出确立企业在投资活动中的主体地位，保护投资者的合法权益；规范政府的投资行为，营造公平有序竞争的市场环境，促进国民经济协调发展和社会的全面进步。《决定》的颁布标志着我国投资体制改革将迈入一个新的阶段。这次投资体制改革主要表现在几个方面：第一，改革方案比较系统。从改革的内容看，这次投资体制改革比较系统，涉及了投资体制的各个部分，包括了投资主体行为的规范、资金筹措的手段、项目决策的科学化和民主化、投资的规范化、有效投资宏观调控模式的建立和监管制度的完善等内容。方案在行政审批、投资模式和投资管理方面体现了改革的创新。第二，落实企业投资自主权，要充分发挥市场在资源配置中的基础性作用。国家将不再单一实施审批制度，审批制度和备案制度将在不同情况下实施。国家在拓宽企业投资项目的融资渠道的同时，进一步扩大大型企业的投资决策权。国家积极引导社会投资，并同意社会资本投资法律没有明令禁止的行业和领域。①《决定》的颁布明确了我国国有资本投资体制改革的指导思想和目标，进一步指出了改进政府投资宏观调控手段、加强全社会投资活动监管的方向。《决定》是适应社会主义市场经济的重要法规，也是改革开放以来最系统全面的投资体制改革方案，对于最终建立起企业独立决策、市场引导投资、宏观调控有效的投资体制发挥着重要作用。2004年的《决定》与之前的改革最大的区别在于它界定了政府投资的范围。以往改革的调控范围几乎包括所有的社会投资，而随着市场经济的

---

① 陈晨：《中国投资体制改革中的政府职能定位研究》，中国社会科学出版社，2011，第94页。

发展，社会投资已经多元化，政府已经不可能直接调控民间投资。新的投资体制应包括政府控制的公共投资和政府主导的私人投资。

2008 年《企业国有资产法》的出台，为国家出资企业的合并、分立、改制、增减资本、发行债券、重大投资、为他人提供担保、国有资产转让以及大额捐赠、利润分配、申请破产等事项提供了较明确的法律依据。以此为标志，我国正式建立了国有资本经营预算制度。

二 以管资本为主，加强对国有资本投资的监管

2013 年，党的十八届三中全会提出成立国有资本经营公司，支持一部分国有企业组建为国有资本投资公司，改革现行的国有资本授权管理制度。2014 年 7 月，国务院国资委开展了中央企业改革试点工作。中粮集团有限公司和国家发展投资公司成为首批上市试点企业。根据 2015 年省、区、市政府工作报告统计，31 个省、区、市召开"两会"时，起草了 2015 年地方国有资产改革蓝图。地方政府工作报告中频频出现"混合所有制改革""兼并重组""分类改革""全面上市""国有资本投资公司试点"等内容。① 这是政府管理国有企业的方式转变为"管资本"的重要表现。2015 年 9 月，政府发布了《关于深化国有企业改革的指导意见》，明确规定我国应当积极调整和组建国有资本投资和经营公司。国有资产监督管理机构将在授权范围内履行出资人对国有资本的义务。2015 年，根据国家的部署，我国在一百多家中央企业开展了国有资本投资、运营公司的试点。

我国国有企业深化改革的重点之一是通过管资本强化对国有资产的监管。在国家发布的《关于深化国有企业改革的指导意

---

① 《13 省市今年着力组建"国有资本投资运营公司"》，新华网，2015 - 3 - 2，http：//www. xinhuanet. com/2015 - 03/02/c_ 1114485225. htm。

见》中,落实"管资本"的重要举措是重组与组建国有资本投资、经营公司。国家授权经营的公司制企业的这一制度设计,将由国有资本投资、经营公司履行投资者对国有企业管理职责的模式取代由国有资产监督机构直接行使投资者对受监管企业管理权力的模式,在政府和市场之间形成"隔离区"。新的制度通过国有资本的投资平台和规范的公司治理结构,通过市场机制层层传达国有资产监管机构的指令,避免了政府对市场的直接行政干预,有效实现了政府与企业的分离。国有资本投资运营公司通过经营管理国有资产、充分履行投资人的监管职责实现国有资本的保值增值,对提高企业经营效率、改善国有资产的监管模式具有重要意义。

三 国有资本对外投资进入转型上升期

21世纪加入世界贸易经济组织后,我国面临更广泛的国际竞争。对外开放已进入一个新阶段,我国的国内生产总值、进出口总额、外汇储备等已发展到了一定的规模。我国企业通过与国际跨国公司的竞争与合作,积累了国际化经营经验和对外投资能力。推动具有比较优势的国内产业开拓国际市场,已经成为我国积极参与经济全球化的必然选择。目前,我国的对外投资业务已扩展到世界多个国家和地区,投资重点正逐步从中国香港、中国澳门、北美转移到亚太、非洲、拉丁美洲等发展中国家,多元化的投资趋势日益明显。此外,我国的对外投资已涵盖了生产、加工、商业贸易、资源开发、运输、工程、农业、医疗、旅游、餐饮及咨询等多个领域。[①]

这一阶段国家的鼓励政策主要包括以下四个方面:第一,2006年7月,国家发展改革委发布的《境外投资产业指导政策》和《境外投资产业指导目录》明确规定了境外投资的鼓励类项目

---

① 武力:《中华人民共和国经济史》,中国时代经济出版社,1999,第1029页。

和禁止类项目，对鼓励类项目给予更大的政策支持，主要体现在
财政支持、税收优惠、外汇支持、海关便利、信息提供等方面。
第二，2007 年，商务部、财政部、中国人民银行和全国工商联合
会发布的《关于鼓励支持和引导非公有制企业对外投资合作的若
干意见》规定，符合条件的对外投资企业可以申请享受中小企业
的金融支持，包括国际市场开拓资金、境外加工贸易贷款贴息资
金、对外承包工程保函风险专项资金、对外承包工程项目贷款财
政贴息资金、援外合资合作项目基金和对外经济技术合作专项资
金。第三，政府有关部门为对外直接投资提供了一系列公共服
务，包括委托高校和科研机构培养跨国经营管理人才，进一步完
善涉外纠纷和突发事件处理办法。第四，国家为企业海外投资提
供稳定、透明、可预测的投资环境。截至 2015 年 12 月，中国已
与东盟、澳大利亚、巴基斯坦、秘鲁、冰岛、哥斯达黎加、韩
国、瑞士、新加坡、新西兰、智利等 19 个国家和地区签署并实
施了 11 项自由贸易协定。随着"走出去"战略的深化和一系列
配套法规及鼓励措施的出台，政府的主导地位逐渐让位给企业，
对外直接投资的主体呈现多元化的发展趋势，国有企业比重相对
下降；开展对外直接投资活动的企业数量、分布的国家或地区，
几乎年年增加；对外直接投资占国内生产总值的份额持续上升。

　　回顾我国国有资本的历史变迁，我国国有资本的法律形态经
历了"国营企业—国有企业—国有公司"的逐步演变过程。国有
企业改建为股份制公司，国家权利由原来的所有权变为国有股
权。国有企业公司化实质上是"资本化"的过程，是变国有资产
存量为可以流动的金融资本的过程，是由实物形态的管理向价值
形态的管理转变的过程。与此相适应，国有经济的法律实现形式
同样先后经历了物权模式（国家所有、国家经营）、债权模式
（国家所有、企业经营）和股东权模式（企业所有、企业经营，
或国家享有股东权、企业享有法人所有权）的演变过程。随着市
场化步伐加快，从重视变革企业法律形态转向关注资本运行状

态，已成为完善公有制经济实现形式的重大转折。总之，对这一时期投资体制改革的历程回顾使我们更清楚地认识到，国有资本投资体制的改革积极促进了我国国民经济的发展。但是，随着经济和社会发展的需要，投资决策的科学化和民主化有待进一步提高，市场配置资源的基础性作用还需要进一步完善。

第二节　2015 年以后的国有资本投资体制（2016 年至今）

一　投资体制深化改革的创新举措

（一）**2016 年 7 月 18 日，中共中央、国务院正式发布了《关于深化投融资体制改革的意见》**。这是以中央文件名义发布的第一份关于投融资体制改革的文件；也是 2004 年国务院公布《关于投资体制改革的决定》后的又一份重要文件；是我国在投融资领域推动供给侧结构性改革的顶层设计和纲领性文件；还是在经济新常态背景下充分发挥投资关键作用的指导方针。意见围绕全面推进供给侧结构性改革，核心主线是要充分发挥市场在资源配置中的决定性作用，明确了新型投融资体制的改革目标和具体措施。意见坚持把企业核准投资的范围缩小到最低限度，原则上由企业依照法律、法规自主做出投资决定。随着当前经济低迷和私人投资增长速度的放缓，这些尊重企业投资主体和独立投资行为的改革，解开了企业投资、生产和经营的桎梏。这必将激发企业和社会资本的投资积极性和主动性。

（二）**2017 年 4 月 27 日，国务院办公厅印发了国资委以管资本为主推进职能转变的方案**。方案中明确要求调整和优化国有资产监管职能，完善监管手段，努力提高效率，增强国有企业的活力。方案建议国资委牵头组织国有资本投资运营公司实施资本运营。这意味着国家将进一步扩大国有资本投资、经营公司的组建工作。新一轮国有企业改革的新尝试是重组国有资本投资和经营公司。重组的国有资本投资公司关注重点产业和重点领域，对促进产业集聚、转型升级，优化国有资本结构布局能起到至关重要的作用。① 国有资本运营公司注重提高国有资本的运营效率，促进国有资本合理流动。运营企业没有产业使命，关键是通过市场运作来维持和提高国有资本的价值。在资本运营中，新兴产业也将受到培育，但在到期后可能会被出售或转让给相关的国有投资公司。新一轮的国有企业改革要求国资委由经营企业向经营资本转变，由管理实物型国有资产向管理价值型国有资本转变。国有资本投资运营公司在组织调整、战略控制、业务发展、分类授权等方面，探索了新的制度、机制和模式，积累了一批可复制、可推广的经验。

今后，国资委将不再直接规范上市公司国有股东的行为，取消中央企业年金计划和中央企业子企业分红权激励计划的审批，由企业自主依法决策。从现在起，延伸到中央企业的子企业的项目管理原则上归还给企业集团，中央企业的子企业的股权激励方案等审批权也被赋予了企业集团。授权包括经理的选聘、经理的绩效考核、经理的薪酬管理、员工工资总额的审批等企业多年来提出的申诉事项。这些国资委的撤职、分权和授权职能将由国有资本投资、经营公司履行。国有资本投资和经营公司是国有企业历史上的一次新尝试。国家通过投资、运营公司的试点，将最终推动国有资本向重要产业和重点领域、关系国家安全的重要基础设施、前瞻性战略产业、国计民生领域、具有核心竞争力的优势企业集中，促进国有资本合理流动及优化配置。

（三）密集发布对外投资的新政策。2017 年下半年，境外投资新政进入了密集发布期。8 月 4 日，国家发展改革委员会、商

---

① 《国务院办公厅关于转发国务院国资委以管资本为主推进职能转变方案的通知》，中华人民共和国中央人民政府网站，2017 – 5 – 10，http：//www. gov. cn/zhengce/content/2017 – 05/10/content_ 5192390. htm。

务部和中国人民银行联合发布了《进一步引导和规范境外投资方向指导意见》，界定了鼓励类、限制类和禁止类的对外投资类型。12月18日，国家发展和改革委员会、商务部、中国人民银行等五个部门联合发布了《民营企业境外投资经营行为规范》，从五个方面指导和规范私营企业。12月26日，国家发展改革委颁布了《企业境外投资管理办法》，自2018年3月1日起施行。届时，国家同时废止2014年颁布的《境外投资项目核准和备案管理办法》。作为新时期境外投资管理的重要制度，《办法》推出的系列创新性改革举措对有效防范风险、完善对外投资管理制度、引导对外投资健康有序发展具有重要意义。《办法》的颁布将引导企业兼顾对外投资的规模、质量和效益，促进企业更好、更稳定地走出去。

作为引导和规范对外投资发展的重要基本制度，《办法》有六个亮点：一是建立"管理分级分类、统一信息归口、违规联合惩戒"的对外投资管理模式，为国家进行数据监测、分析、预警以及有效干预奠定了坚实的基础。第二，明确对外投资核准按照鼓励发展原则、根据负面清单进行管理，有助于有效引导国内投资者的行为，提高政策的透明度和稳定性，进一步促进国内投资者对外投资。第三，明确对外投资的备案实行最终目的地管理原则，有利于国家掌握资金的真实去向，也有利于政府部门为企业提供准确的服务和保障。第四，首次明确了批准必须上报的原则。第五，规定了重点督察和抽查工作相结合的事中事后监管方式。第六，明确加强信息化的手段开展对外投资管理，不会增加企业实质负担。总的来说，可以使企业的投资行为更加规范和合规，引导投资健康有序地发展。

二　国有资本投资体制深化改革存在的问题

我国的投资体制改革取得了积极进展，但仍然存在不少突出问题。第一，政府在投资领域的简化和分权没有协调到位，企业的投资主体地位有待进一步确立。第二，企业融资难、融资贵的问题比较突出，融资渠道需要进一步畅通。第三，政府的投资管理方式需要创新，需要进一步发挥引导和推动作用。第四，配套制度不完善，事中事后的监管及服务需要加强。第五，投资法制建设滞后，投资监管法律水平有待提高。第六，对外投资体系还不成熟，投后管理也还存在许多问题。当前，我国面临着"一带一路"建设和供给侧结构性改革等新任务，不可避免地要求有新的投资体制来支持这些创新。

第三节　历史简评

图1阐释了市场主导投资体制的深化发展阶段的历史特点。

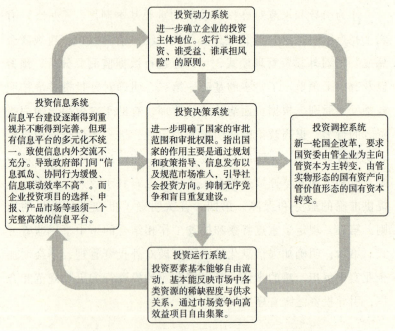

图1　市场主导投资体制的深化改革阶段的系统图鉴

经过多年的改革，中国传统的投资体制改革取得了积极成果，推动着社会经济的快速发展。国家在投资体制改革方面做了大量工作，颁布和推行了一系列改革政策和措施。这一时期国有资本投资体制的改革与探索，在一定程度上打破了投资领域的政府垄断局面。政府投资主要集中在基础设施和公共事业的建设上，优化了宏观经济的运行环境，促进了国民经济的发展。"走出去"战略使中国企业的海外投资得到了突飞猛进的发展。随着投资政策的不断放宽和日益优化，我国企业将进入一个快速发展的新时期。

但由于我国投资体制改革所涉及的利益关系的复杂性，一些深层次的矛盾还没有从根本上得到解决，与我国社会主义市场经济体制的要求还存在很大差距。国有资本投资体制还存在一系列问题，如企业投资决策权实施不到位，投资管理和投资决策缺乏规范，企业和银行的管理机制不完善，需要加强宏观调控等，导致投资效益不令人满意。由于内在的缺陷，国有资本投资体制改革不能触及政府本身的利益，因此无法根本解决市场配置资源的问题。与其他投资领域相比，投资体制改革滞后，始终摆脱不了政府主导的投资体制的怪圈。当前，我国经济体制正处在转型期，投资体制改革的滞后必然会影响我国经济体制改革的总进程。在今后一段时期，在进一步深化中国经济体制改革的情况下，必须对投资体制改革予以特别重视。特别是在市场化取向的改革进程中，国家必须采取有效措施推进投资体制改革，有效增强投资增长的内生动力，形成促进经济可持续发展的内生机制。

第五章
我国国有资本投资体制的现状分析

本章阐述了国有资本投资体制改革的进展和成效，指出了当前投资体制改革的困境及其成因。我国在投资体制方面的创新有效改善了宏观市场环境，提高了市场配置资源的效率。在当前体制下，国有资本投资体制改革仍然存在国企决策权没有完全落实、投资效益不尽如人意等许多问题，制度的不规范是造成国有资本投资体制改革出现困境的主要原因。

第一节　国有资本投资体制的进展

一　国有资本境内投资体制改革的进展

改革开放以来，我国针对投资体制及配套制度方面颁布了关于宏观调控体制、项目决策体制、资金管理筹措办法等多项改革政策及相关措施。① 这些改革举措在适应我国的改革开放的同时，对促进我国国民经济和社会发展起到了重要作用。

（一）投资审批制度改革取得重要进展

国家发展和改革委员会按照国务院关于部署简政放权、放管结合、优化服务的改革工作安排，会同有关部门加快进度推进了

---

① 李国义：《深化民间投资体制改革》，《中国金融》2013 年第 2 期。

投资审批制度改革。2013 年，国家发展和改革委员会针对"审批多"问题，连续两年修订《政府核准的投资项目目录》，精简项目核准的前置审批事项，使中央核准项目累计减少 76%。[1] 2014 年，国务院实施了精简审批事项、实行投资项目网上核准的工作方案，简化了最初的 50 项预审程序。国家发展和改革委员会牵头取消了多项涉及企业经营自主权的审批事项。第一，针对投资项目建设程序繁杂、制约投资建设的明显问题，国务院实施了清理规范项目审批方案，将 65 项投资项目审批事项清理规范整合为 42 项。此外，国家创新了项目投资管理制度，根据具体情况将境外投资和外商投资项目的核准制改为备案制，实现了网上备案管理大部分境外投资和外商投资项目。按照国务院要求，2016 年中央政府层面再次修订核准投资项目目录，削减比例达到原规模的 90% 以上。随着审批范围的缩小、权力的下放，社会相关主体的改革意识进一步增强，释放了市场活力和社会创造力。第二，我国发展和改革委员会针对"监管薄弱"的问题，联合有关部门和地方政府积极推进投资项目网上审批，探索创新监管平台的建设和应用。第三，发改委针对"低效率"问题，积极推进了投资审批的统一规范化，将所有的投资审批项目纳入政府服务大厅，实行了项目受理、投资审批、统一回复、全程监督、进度通知的便民措施，在政务公开、阳光服务方面取得了重大的进步。第四，为了应对改革的"不同步"问题，发改委在预审批条件下取消了属于企业经营自主权的事项，除少数重特大项目外，政府只保留规划选址、用地预审两项前置审批条件，由核准前必须完成改为在开工前完成并联审批。[2]

（二）建立协同投资监管机制，创新投资管理方式

2015 年，国务院办公厅发布了《关于创新投资管理方式建立

---

① 荣立元：《我国行政审批制度改革浅析》，《决策与信息》2014 年第 15 期。

② 《我国投资审批制度改革取得重要进展》，中华人民共和国中央人民政府网站，2016 - 7 - 27，http：//www.gov.cn/xinwen/2016 - 07/27/content_ 5095334.htm。

协同监管机制的若干意见》。《意见》指出：第一，国家要在充分考虑基层承担能力的基础上安排权力下放，不能简单地"自下而上"划分管理层次。第二，强调建立完整的监督管理体系，下级各个部门应当分工协作，依法履行职责，进行监督。第三，管理部门要突出监理重点，重视项目的开工和竣工等环节，全面加强对项目建设全流程的监督管理，实现项目的依法动工及有序开展。在项目启动前，相关的项目单位必须及时确保项目按规范运行。工程落成后，项目相关部门应当进行合规验收。第四，国家要建设项目网上审批监督平台。国家发展和改革委员会要根据国务院的部署，联合相关部门和地方政府建设网上审批监督平台，创新投资管理方法。①

2015年1月，我国运行了国家发展改革委政务服务大厅，把网上受理、在线办理、限时办结、全程监察等事项全部纳入，实现了中央层面部门的横向联通及全国中央、省、市、县四级联网的纵向贯通。2015年12月7日，政务服务大厅的投资项目网上审批监管平台正式开启了全国范围的试运行应用阶段。各地根据平台"管用好用"的目标，积极完善在线平台的规范工作。第一，各地制定平台运行的法定依据，配套出台了行政法规。第二，相关部门注重规范平台的日常运行。国家联合有关部门研究加快制定运行管理办法。同时，管理部门坚持实时调控、动态追踪，及时掌握各地域平台的试运行情况。第三，国家积极调动各地区共同推广平台的应用工作。此外，国家联合各个部门下达通知推进了平台的应用。

网络平台的建设及应用是政府治理能力在信息技术层面的重大变革。在线平台的推广及应用取得了初步的成功。首先，平台通过权力清单的曝光、网上公布审批项目和服务指南、"阳光运行"审批过程，增强公众的公信力。其次，平台通过整合各部门的相关审批项目，实现了将串联审批改成并联审批的横向整合和

---

① 《国务院办公厅关于创新投资管理方式建立协同监管机制的若干意见》，中华人民共和国中央人民政府网，2015 - 3 - 10，http：//www.gov.cn/gongbao/content/2015/content_ 2838168. htm。

网上及时协同办理的纵向审核。再次，平台提高了项目审批的效率。平台通过一网告知政策法规、一网受理审批申请、一网办结审批事项、一网公示审批过程，最大限度方便了用户。复次，该平台根据各部门的工作要求和时限，对各部门加强监控、严格审批。最后，国家坚持原则到底、防止形式主义，保证政策的落地。通过平台，逐步落实国家权力简化和分权政策，解决政策措施落地的"最后一公里"问题。①

（三）充分落实企业投资主体多元化，推进投资便利化

经过多年的改革探索，我国传统的投资体制发生了重大变化。单一的国有投资主体的格局被打破，地方政府的投资项目审批权进一步扩大，形成了多种经济类型共同发展、企业自主投资决策的投资格局。国有经济投资比重进一步下降，非国有经济投资主体逐步成为投资增长的重要力量。国有企业与民营企业之间的竞争日趋平等，政府不再兼任裁判员和运动员。② 投资主体的多元化改革具有重要的战略意义。首先，有利于优化企业内部管理结构，提高企业的效益；其次，有利于充分利用社会资本，加速企业的技术改造升级；再次，有利于优化企业的资产负债比例，降低其债务风险；最后，有利于完善国有资本的合理流动及退出机制，促使国有资本向与国民经济命脉相关的重要领域投资，从而增强国有经济的控制力。根据投资主体多元化的改革要求，除一些继续沿用国有绝对控股模式的企业外，大量国有企业将采取绝对持股、相对控投和部分参股三种存在形式。在三种存在形式中，国有企业应尽量采用相对控股和部分参股的发展模式。

---

① 《发展改革委介绍"四个平台"并答记者问》，中国网，2016 - 12 - 15，http：//www. gov. cn/2016 - 12/15/content - 5148629. htm。

② 陈晨：《中国投资体制改革中的政府职能定位研究》，中国社会科学出版社，2011，第97页。

（四）新一轮投资体制改革的创新举措

2016 年国家公布的《中共中央国务院关于深化投融资体制改革的意见》提出了以下创新举措。

第一，推行首问负责制。建立投资项目审批的首问负责制，投资主管部门或审批机构提供一站受理和全流程的服务。建立投资项目审批的首问负责制的制度创新在于简政放权，通过加强对项目的统筹协调，为项目提供便利。

第二，实行"不再审批"管理模式。国家创新试点企业投资项目承诺制时，要严格按照"政策引导、企业信用承诺、监管约束"的原则。除了国家审批涉及国家安全、重大生产布局、战略资源开发、重大公共利益等的投资项目外，企业可以根据法规自主决策。企业投资项目承诺制的实施需要以下三个条件：第一，产业政策、技术标准、安全标准、发展规划必须完整明确、切实可行；第二，社会信用体系必须建立健全，以此为基础对企业实行赏罚分明的措施；第三，管理部门要实施全面、高效、有约束的监督。当前，投资项目承诺制正在通过试点摸索积累可复制的经验。①

第三，积极创新"多评合一""统一评审"的管理业务模式。当前在投资领域存在中介服务种类繁多、技术考评重复、评价效率低下、中介成本过高等问题，管理部门应当在实行并联评审的基础上，通过多种手段有机整合考评事项，实现"多评合一"。"多评合一""统一评审"的管理业务模式有利于避免重复事项的发生、提高管理效率。

第四，制订三年滚动的政府投资计划。国家根据宏观调控的总体要求及发展规划，制订了三年滚动的投资计划，并在此基础

---

① 《完善适应市场经济要求的新型投融资体制机制》，搜狐网，2016 - 7 - 27，http：//www.sohu.com/a/107889786_ 260187.htm

上制订了年度投资计划。规划明确要建立覆盖各地区的政府投资项目数据库，以此规范各级政府投资资金的使用。

第五，试点金融机构依法持有企业股份。国家计划开展金融机构依法持有企业股权的试点。商业银行已经很难依靠传统借贷业务获取高回报，加快转型的重要创新方向是发展股权融资业务。商业银行通过依法持有企业适当的股权，将在减少中间业务环节及企业融资成本的同时，实现提高商业银行的赢利能力和企业融资效率的双赢。

第六，建设投资项目的网上审批监管平台。国家对试运行的在线平台进行优化升级改造。第一，网上审批监管平台的主要功能。在线平台要包括政府三年滚动的投资计划、重大投资项目、中央预算内投资计划等模块。平台能够实现资金调动、项目审查同步应用。第二，平台要充分发挥监督管理的功能。通过大数据分析，平台要具有风险预警功能，并可加强事后监督，实现精细管理要求。管理部门通过充分使用平台的追踪管理功能，要能够实现每个环节都可以追溯，提高平台的透明度。第三，平台要充分发挥服务公众的功能。平台将资金管理与项目管理相结合，要能够充分发挥咨询服务的中介职能。[①]

二　国有资本境外投资体制改革的进展

当前，我国主要以国有企业为主体开展对外投资活动。随着市场经济的深入发展和国有企业的深化改革，在股份制改革和现代企业制度不断完善的背景下，国有企业的产权结构呈现出一种多元化的趋势。国有资本广泛分布在合作企业、集体企业、有限责任公司、中外合资经营企业以及各种股份制企业中。因此，研究国有资本的对外投资行为比研究国有企业更加准确且更符合发

---

① 《探索投融资"不再审批"管理模式》，新华网，http：//www.xinhuanet.com/local/2016/c_ 129156630.htm。

展趋势。党的十八大以来，以习近平同志为核心的党中央协调了国内外形势，高度重视外商投资工作，鼓励企业利用两个市场和两种资源。2013 年，我国提出"一带一路"对外发展倡议，鼓励我国的资本、技术、产品、服务和文化"走出去"，标志着我国对外投资进入全新的发展阶段。[①] 目前，我国境外投资规模居世界前列，境外投资管理体制和政策体系不断完善。我国对外投资的迅速发展，不仅提高了中国企业的国际竞争力，促进了中国经济的转型和升级，而且推动了与世界各国的互利共赢和共同发展，为建设开放的全球经济贡献了力量。

目前，对外投资管理主要涉及三个部门，即发展改革部门、商务主管部门以及国家外汇主管部门。总结当前国有资本对外投资的管理体制，其取得的进展如下。

（一）发展改革部门对境外投资项目采取备案核准制

根据国家发展和改革委员会 2014 年颁布的《境外投资项目核准和备案管理办法》有关条款的规定，国家发改委管理境外投资项目主要采取备案为主、核准为辅的方式。除涉及敏感国家和地区、敏感行业的投资项目需要审批外，发改委对其他境外投资项目实行备案管理制度。

（二）商务部门对境外投资企业设立备案核准

自 2014 年 10 月 6 日商务部新修订的《境外投资管理办法》实施以来，对国内企业设立的境外企业的管理已转变为"以备案为主，审批为辅"的管理模式。除了涉及敏感国家和地区或敏感行业的企业之外，商务部对在国外设立的其他企业都实行备案管理制度，相关程序相较从前也简化了不少。

[①] 国勇：《中国企业对外投资地区环境指数发布》，《企业改革与管理》2014 年第 1 期。

（三）外汇部门取消境内企业境外直接投资的外汇登记核准

自 2015 年 6 月 1 日起，我国取消境内企业境外投资的外汇登记核准，实行"银行办理、外管监督"的模式，具体包括：第一，国家取消直接投资项目下的外汇登记的核准制度，境外投资主体可通过银行直接办理外汇登记。第二，国家取消境外再投资外汇备案制。已备案的境外企业在境外再次投资设立企业时，不需要再次办理外汇备案手续。第三，国家取消境外直接投资的外汇年检制度，更改为境外直接投资登记制度，并放宽登记时间，允许企业通过多种渠道提交相关数据。第四，加强事中事后监管。银行通过外汇管理局办理资本项目信息和企业境外直接投资的一系列外汇登记手续，国家外汇管理部门的职能转变为事后监管。

（四）四部委明确我国将建立境外投资黑名单制度

2017 年 8 月 18 日，国家发改委、商务部、人民银行、外交部等四部委联合有关部门研究发布了《进一步引导和规范境外投资方向的指导意见》，明确我国将制定境外投资的黑名单制度，对非法投资实行联合处罚。意见以供给侧结构性改革为主线，以"一带一路"建设为导向，利用"负面清单"指引企业的投资行为，促进企业合理开展境外的投资活动，防范和处理境外投资风险，促进境外投资健康持续发展，实现我们与东道国互利共赢、共同发展。①

（五）自贸区投资管理制度的创新

上海自由贸易试验区积极探索和建立符合国际高标准的投资

---

① 《国务院办公厅转发国家发展改革委商务部人民银行外交部关于进一步引导和规范境外投资方向指导意见的通知》，中华人民共和国中央人民政府网，2017 - 8 - 18，http：//www. gov. cn/zhengce/content/2017 - 08/18/content_ 52 18665. htm。

贸易规则和行政管理制度，促进了政府管理重点关注事中、事后监管。其主要改革措施体现在以下四个方面。

1. 负面清单管理模式。国家开始执行"准入前国民待遇＋负面清单"的管理模式，将负面清单以外的外商投资项目核准和企业合同章程审批均改为备案管理。

2. 商业登记制度改革。具体目标是将工商登记与商业登记制度改革挂钩，逐步优化登记程序，改善试验区营商环境。试点开展企业注册由"先证后照"（即须先取得业务许可证再办理营业执照）改为"先照后证"（即可先办理营业执照再申请业务许可证）；注册资本登记条件由"实缴制"改为"认缴制"（即实收资本不再作为公司登记事项，改为企业自主约定，并在企业章程中记载）。

3. "一口受理"制度。具体目标是要形成完整的"一口受理"高效服务模式，实现企业登记的全流程电子化操作。目前的进展是试验区工商、税务、质监、商务和管委会等部门将内外资企业设立的有关事项统一纳入"一表申报、一口受理"平台办理；设立的国内外企业，应当由工商主管部门统一受理，统一办理许可决定、备案文件和有关许可证。

4. 境外投资备案管理。国家实行境外投资备案制，提高了境外投资的便利化程度。目前，国家正在制定境外投资项目和境外投资设立企业的备案办法。对已经通过企业境外投资备案程序的企业，境外投资备案意见和证书可以在 5 个工作日内出具。[①]

（六）积极融入国际投资自由化的趋势

中国与世界 130 多个国家和地区签署了投资协议，通过投资协定的谈判，政府为外国投资者提供稳定、透明和可预测的投资

---

① 蒋硕亮：《中国（上海）自贸试验区制度创新与政府职能转变》，经济科学出版社，2015，第 111 页。

环境，有利于促进跨国投资和经济发展。① 各国在签署投资协定时，一般都会做出开放投资市场的安排，为投资者提供更广阔的市场和更多的商机，有利于促进经济全球化。在国际投资自由化趋势下，中国的双边投资协定强调促进和保护投资。

除双边投资协定外，全球正在构建一个高标准的自由贸易区网络。我国也在同步积极开展与有关国家及地区建立自由贸易区的谈判，加快推行自贸区战略是我国新一轮对外开放的重要步骤。2015 年 12 月 17 日，国务院就加快实施自由贸易区战略发表了意见，对自由贸易区的投资制度指明了发展方向。在外资准入问题上，国家要求服务业的对外开放必须稳步有序地扩大。在双边或多边投资协定谈判方面，我国应当逐步推进负面清单谈判模式。在透明度上，该意见呼吁改善中国的外国投资法律法规，实施准入前国民待遇和负面清单管理模式，以维持稳定、透明和可预测的境外投资政策。②

目前国际上缺乏统一的多边投资协定，国际投资规则较为分散、国际投资协定呈现出碎片化特征，中国在促进各国多边投资政策协调与合作方面发挥了积极作用。2016 年 7 月在上海举行的 20 国集团（G20）第一次贸易部长会议上，中国就投资指导原则达成了重要共识，并发布了 20 国集团全球投资指导原则。这一原则不仅建立了全球投资规则的共同框架，为全球和区域层面的投资政策制定的协调提供了重要指导，而且在市场准入、公平竞争、政策稳定、透明度层面保护了各国投资者的合法权益，对推动多边投资政策的协调与合作具有重要的前瞻性和指导意义。2017 年 9 月，中国主办了金砖国家领导人第九次会议。金砖机制对构建互利共赢的全球经济秩序具有重大意义。金砖机制通过代

---

① 商务部：《中国已与130多个国家和地区签订投资协定》，环球网，2016 - 3 - 17，http：//world. huanqiu. com/hot/2016 - 03/8724770. html。

② 杜兴鹏：《中国加快实施自由贸易区战略的难点及对策探讨》，《价格月刊》2014 年第 4 期。

表发展中国家的利益，实现了资源的高效利用，改变了国际治理机制不平衡的状态。有利于促进新兴经济体与发达经济体的合作共赢，利用发达国家的成熟技术与资金优势打开发展中国家的市场，把发展中国家的资源优势转化为经济优势，帮助各国共享人类进步的成果，促进世界和平与稳定。①

第二节　国有资本投资体制改革的成效

随着经济体制改革各项举措的持续出台和实施，国有资本投资体制改革对国民经济发展的积极推动作用持续显现。国内的宏观经济运行环境得到明显改善，制度性的交易成本得到一定程度的降低，经济发展的内生动力持续增强，这些因素有效激发了市场主体投资的创业热情，为经济新常态下经济结构的优化升级提供了新动能。

一　国有资本境内投资体制改革的成效

（一）投资主体多元化

国家通过多年的改革，将计划经济体制时期的单一投资主体转变为多元化的投资主体，国内外各类企业及个人都能成为项目的投资主体。除了传统的政府投资和银行贷款外，国家新增了外商投资、企事业单位自有资金投资、企业发行股票和债券等融资方式，满足了企业资金需求，丰富了资金来源的渠道。随着经济的迅速发展，各类投资主体的投资动力持续高涨，导致政府的投资比重不断下降。

（二）投资方式多样化

伴随改革开放的深入进行，新型的对外投资方式不断涌现，

---

① 梅新育：《金砖国家金融合作的意义》，《中国产业》2013 年第 4 期。

呈现出投资方式多元化的趋势。除了建设单位直接投资和技术改造的传统投资方式，还有多种国际投资方式，如项目融资、股权投资、项目并购、租赁投资、BOT等。

（三）政府对企业投资干预程度的减轻

国家改革企业投资项目的审批制为备案制后，相对扩大了企业投资的自主权。除了国家禁止和必须批准的建设项目，企业在施工前只需要通过备案程序。根据有关部门统计，备案制度下企业投资的项目约占社会建设总项目数的75%。而对于约占社会建设总项目数25%需要政府批准的项目，国家规定改为实行简化的审批程序。此外，国家规定政府在收到批准报告后，必须在20天内给予明确的答复。这项改革在解决项目审批遗漏问题的同时，节省了企业等待审批的时间。[①]

（四）政府投资职能的转变

在投资主体多元化的市场经济体制下，政府投资的职责是加强公益事业的建设、完善社会保障体系，为人民生活和社会生产提供安全便利的条件。政府投资逐步退出一般营利性的行业，转到投资建设公益性和基础设施项目上。通过政府投资体制的改革，政府投资的教育、卫生、体育、社会保障等各项公益事业，以及水利、环保、交通、电力、水利等基础工业占了政府财政支出总额的绝大部分。[②]

（五）投资决策机制更加科学

随着投资体制改革的深入，基于领导意愿的投资决策项目的

---

① 王寿如：《论经济特区政府固定资产投资体制改革》，《致富时代》2011年第2期。

② 陈晨：《中国投资体制改革中的政府职能定位研究》，中国社会科学出版社，2011。

数量越来越少。大部分国家投资的项目，必须在通过可行性研究报告后才能被确认是否建设。目前，我国正在积极构建投资项目的评价体系，以便不断总结投资失误的经验和教训，提高投资的决策水平。

（六）建立了投资项目的监督体系

国家通过加强国企及政府投资项目的监督和审计，完善重大项目的检查制度，防止决策失误和腐败的发生。此外，国家采取鼓励新闻媒体及公众共同参与监督国家投资项目的措施，强化公共投资项目的公众监督机制。综上所述，我国已经基本建立起多层次的投资监督体系。当前，我国正在制定政府投资的责任追究制度，对违反法律法规、给国家财产造成重大损失的行为，我国有关部门将依法追究相关责任人的行政和法律责任。

二 国有资本境外投资体制改革的成效

改革开放 30 多年后，我国开始进行大规模的对外直接投资。2015 年，我国的对外投资规模首次超过外国直接投资规模，由外资净流入国转变为外资净输出国。2016 年，我国对外投资规模继续保持快速增长的趋势。2016 年，中国对外直接投资达到创纪录的 1961.5 亿美元，位居世界第二。截至 2016 年底，中国在境外设立直接投资企业 3720 万家，分布在全球 190 个国家及地区，年末总资产达到 5 万亿美元。[①] 经过 2016 年的快速发展，2017 年上半年中国的境外投资比上年同期大幅下降，但也意味着中国的对外投资已逐步进入量质并举的阶段。商务部统计显示，2017 年上半年，中国境内投资者对 145 个国家和地区的 3957 家境外企业累计投资 481.9 亿美元，同比减少 45.8%。与此同时，制造业、信

---

① 中华人民共和国商务部、中华人民共和国国家统计局、国家外汇管理局：《2016 年度中国对外直接投资统计公报》，中国统计出版社，2017，第 3~5 页。

息技术、服务业等行业的投资增速保持上升趋势。^① 近年来，中国企业顺应国内外形势和自身发展的需要，积极"走出去"进行海外投资，促进相关产品和技术的出口，推动国内经济转型和升级。此外，中国政府积极推进"一带一路"项目建设，稳步开展国际产能合作，加快中国企业积极融入经济全球化进程。总结我国的国有资本境外投资体制改革的成效，主要有以下几个方面。

（一）对外投资规模增长迅速

截至 2016 年，中国的境外投资连续 14 年实现增长，年均增长率为 35.8%（见图 1）。"一带一路"建设加快了企业海外投资的步伐。2013 年，对外投资规模首次突破 1000 亿美元，2015 年首次突破吸引外资规模，并创下了历史新高，仅次于美国，位列世界第二。2016 年我国对外投资占全球比重提升至 13.5%，首次突破两位数，在全球投资中的地位和作用日益凸显。

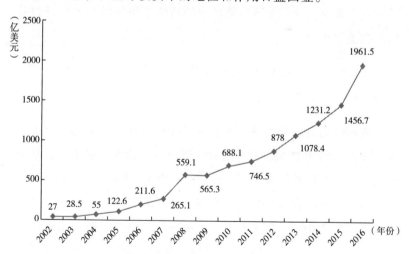

图 1 2002～2016 年中国对外直接投资流量情况
资料来源：历年《中国对外直接投资统计公报》。

---

① 中华人民共和国商务部、中华人民共和国国家统计局、国家外汇管理局：《2017 年度中国对外直接投资统计公报》，中国统计出版社，2018，第 6～8 页。

（二）对外投资并购领域广泛，投资方式由绿地投资转向跨国并购

我国企业对外投资主要包括绿地投资和跨国并购两种，但近两年来，海外并购逐渐替代绿地投资成为企业海外投资的主要途径。跨国并购已成为"走出去"企业取得海外优质资源、弥补国内不足的重要途径。2016年，我国的海外并购比以前年度大幅增加，跨国并购交易额超过2015年全年的对外并购额，超越了美国和加拿大成为全球跨国并购的最大国家，大大提高了对外直接投资的贡献度。2017年，中国企业的海外投资和并购规模迅速增长，共进行了341笔海外投资并购，交易总额为962亿美元，包括制造业、信息传输/软件业、信息技术和邮政业等18个行业。此外，我国金融机构在国际金融危机后也多数采用并购形式进行对外直接投资。海外并购已成为中国企业参与国际分工的重要途径。它对提高企业在全球价值链中的地位加快我国经济转型和升级具有重要作用。

（三）投资区域以发达国家（地区）和"一带一路"沿线国家为重点

我国的对外直接投资分布在全球190个国家和地区，覆盖了全球超过80%的区域，对外投资的资产总额达5万亿美元。从对外投资布局来看，亚洲占比67%；其次是拉丁美洲，占比15.3%；欧洲占比6.4%；北美洲占比5.6%；非洲占比2.9%；大洋洲占比2.8%。2014年以来，我国与"一带一路"沿线国家的合作建设项目超过2000个，投资总额超过500亿美元。在我国对外投资地区分布中，发达国家和"一带一路"沿线国家占据主要地位。[1]

---

[1] 张晓兰：《应客观认识当前我国对外投资热潮》，《经济纵横》2017年第3期。

（四）投资结构从传统资源型产业转向先进制造业和金融业、服务业等行业

目前，我国的对外投资已覆盖了国民经济的 18 个行业大类，包括租赁和商业服务、批发和零售、制造、运输和仓储、邮政服务、金融、农业、林业、畜牧业、渔业、采矿等传统行业。近年来，国家对技术服务、教育、医疗、社会公共服务等领域的投资增长迅速，对外投资的产业结构进一步优化。2016 年，我国制造业对外投资 299.5 亿美元，比上年同期增长 45.3%。[①] 钢铁、水泥、有色金属、汽车等行业的一批龙头企业在国外建立了生产基地，国际生产能力合作稳步推进。随着经济结构的调整，我国企业对外投资的产业结构不断优化，由矿产、化工等资源能源领域开始向先进制造业、金融业、信息技术、医疗服务等行业扩大。据 Wind 数据统计，中国的境外投资产业布局更加多元化，先进制造业、房地产业和批发零售业等的占比均有所上升。特别是近五年来，我国对外投资结构不断优化的趋势更加明显，对外投资继续向商务服务业、先进制造业、批发和零售业、信息传输等行业流动，继续向产业链顶端移动上升。

第三节　现行国有资本投资体制改革的困境

一　国有资本境内投资体制改革的困境

国有资本投资体制改革是一项复杂的系统工程，不仅涉及建立和完善社会主义市场经济体制，还涉及加强和改进宏观调控等方面。由于我国旧的经济体制根基的深厚，改革实践中理论指导的偏差及配套制度的不完善等多方面原因，运行中的投资体制陷

---

① 《对外投资流量连续 2 年位居世界第 2 位》，《人民日报》海外版网站，2017 - 10 - 13，http://fianance.sina.com.cn/stock/2017 - 10 - 13/0657205.html。

入了改革的困囿。具体而言主要表现为以下几点。

（一）国有资本投资体制改革缺乏一个整体部署，改革总体滞后

经过近 40 年的改革开放，国家在投资体制改革方面开展了大量工作，颁布并实施了 50 多项政策和措施，但一直处于零敲碎打的阶段，缺乏明确的战略部署和科学的论证，与其他领域的改革相比相对滞后。

（二）改革缺乏相应的配套措施

国有资本投资体制与经济体制的诸多方面有着密切的联系。就资金来源而言，它涉及政府的财政和金融体系。在项目实施中，涉及土地、建设、环保、金融等部门。因此，投资体制改革所涉及的许多内容不是投资本身的领域，而是与国家财政体制、金融体系、国有企业制度和价格体系密切相关的综合体系，其改革进程受到其他体制改革进程的制约。

（三）缺乏严格有效的监督约束机制

虽然政府已经采取了一系列改革措施，但由于没有严格的执行监督，产业政策发挥不了作用，招投标失去了公正性。作为投资主体的国有企业也缺乏约束自身行为的风险责任机制，至今尚未建立符合市场要求的责任约束机制。

（四）国有资本投资效率不高

改革开放以来，国有企业在国民经济中起主导作用，但相当数量的国有企业效益不佳，有的甚至亏损严重。大部分的全社会固定资产投资持续投入国有部门，特别是信贷资金向国有企业明显倾斜，等于变相地扶持亏损的国有企业，造成了大量的呆账、坏账。我国国有企业经济效益严重下降，但投资却没有以经济效

益为导向，导致高投入低产出现象频繁发生。

二　国有资本境外投资体制改革的困境

近年来，随着我国对外开放水平的显著提高，我国企业的对外投资规模迅速增长。与全球最大的经济体相比，中国的对外投资规模仍然有一定的差距。长期以来，中国对外投资的存量占国内生产总值的比重一直低于世界平均水平，这表明我国的对外投资仍然具有较大的增长潜力。

（一）发达国家和发展中国家制定投资规则的立场存在明显的分歧

双方地位和角色不同决定了两者参与国际投资规则谈判的立场存在分歧。发展中国家签订国际投资协定主要是为了创造稳定的投资环境，降低外来投资的政治风险及经营风险，吸引外资以实现本国充分就业，推动本国经济发展。发达国家希望通过国际投资协定弥补东道国法律制度的缺陷，谋求在投资准入、投资待遇和投资保护上给外来投资者施加各种歧视性条款。[①] 在国际谈判过程中，发达国家为推动投资自由化，常制定高标准的投资保护措施，利用国际调解仲裁机制解决投资者与东道国之间的纠纷。发展中国家则主张东道国有权根据本国国情决定对外资的开放程度和管理程度，保护本国产业和企业发展。随着国际投资体系的结构转型，越来越多的发展中国家成为重要的资本输出国。

（二）我国的对外投资协定存在不足

中国签署的双边投资协定数量居世界第一，但存在投资自由

---

① 桑百川：《新一轮全球投资规则变迁的应对策略——以中美投资协定谈判为视角》，《人民论坛·学术前沿》2014 年第 2 期。

化程度不高的现象。当前，区域经济一体化已经成为全球趋势。区域内部的各个成员国积极消除投资的限制措施，致力于实现投资自由化。欧盟、北美自由贸易区等区域内的成员国家普遍接受实行准入前国民待遇和负面清单模式，实现高度的投资自由化。目前，我国没有全面推行投资协定的负面清单模式，并且对外投资协定数量存在不足的现象。

（三）针对中国的多边贸易投资协议

据了解，全球 130 多个国家正在制定新一代投资协议。投资协议调整的变化莫测使跨国企业在全球投资中遇到了新的困难。在新一轮国际投资规则的博弈中，美国是新标准的倡导者，欧盟是追随者，而发展中国家集团则是应对者。《跨太平洋伙伴关系协定》（TPP）、《跨大西洋贸易与投资伙伴关系协定》（TTIP）和《国际服务贸易协定》（TISA）反映了新时期全球经济贸易规则的发展趋势。TPP、TTIP 和 TISA 所倡导的全球投资规则新议题对发展中国家的对外投资提出了新的挑战，一些国家通过在投资协定或投资谈判中设置环境问题、劳工标准、负面清单、准入前国民待遇、投资争端解决机制、竞争中立和国有企业等条款门槛将中国排除在外。

（四）发达国家对我国国有企业的对外投资监管趋严

由美国参与主导的不包括中国在内的自由贸易区谈判，都包含有"反对政府的影响和控制，防止国有企业扰乱竞争秩序"的条款。为应对国家资本主义挑战，美国同经济合作与发展组织（经合组织）建立了"竞争中立框架"。该框架旨在迫使中国的国有企业不再与政府建立特殊联系获得有竞争力的优势。加拿大政府出台了关于国有企业投资的新规定，对国有企业收购的审计要求更高。随着中国对欧盟各个国家投资的快速增长，欧盟委员会视我国的国有企业为中国政府的一致行动人。自2011年起，欧盟委员会在审查跨国并购交易时将国有参股企业以及国资委控股的企业视为共同利益参与者，合并计算其联合的市场份额，以此审核判断其投资并购是否构成垄断行为。

（五）国有企业对外投资领域选择不科学，国有资本境外投资效益不明显

目前国有企业在海外投资的领域参差不齐。国有企业的海外资产配置或是收购兼并的行为存在投机性，其中许多海外投资与企业本身的主营业务并不密切相关。国有企业的对外投资流程比私营企业长，市场反应速度也比较慢。因此，在投资性交易过程中，国有企业机制的短板就注定了低效率的情况时有发生。非战略性对外投资并不适合国有企业。在这种投资中，国有企业经常会出现投资失误或决策失误，导致国有资产流失和国有企业形象的整体损害。如果投资领域的选择不能科学客观，任何交易都等于赌博，有害无益。

（六）国有企业对外投资方式不完善，国有企业对外投资手段未实现多元化

在海外投资交易中，国有企业以收购为主要投资方式。虽然近两年来投资方式多样化有所改善，但与民营企业相比仍存在一些不足。在境外投资中，国有企业往往要为无意义的多余股份支付额外费用。国有企业在投资策略上往往比民营企业更谨慎，因此，在投资交易过程中往往采用保守的投资方式。但巨额资本的占用影响了企业本身的运作，导致企业的现金流紧张。同时，由于投资决策不够民主，往往是企业"孤军奋战"完成交易，没有充分利用新的交易结构和产品形式分散交易风险，导致投资风险完全由自身承担。

第四节 国有资本投资体制改革困境的成因

经过 40 余年的改革开放，国有资本投资体制改革取得了巨大成功。与市场经济国家相比，我国对国有资本投资活动的干预程度较深、管理手段较丰富。然而在目前的体制下，国有资本投资体制改革仍然存在国企决策权没有完全落实、投资结构难以得到有效控制、投资效益不尽如人意等许多问题，制度的不规范是造成国有资本投资体制改革出现困境的主要原因。

一 国有资本境内投资体制改革困境的成因

（一）投资制度治理的失效

长期以来，中国市场经济的投资主体是国有企业。但除了国家授权的个别大的国企集团，绝大多数国有企业受到各级政府的控制，很难成为独立的投资主体，导致国企投资效益的好坏与领导责任不对称。由于国有企业的领导者不必为投资决策的错误承担必要的责任，他们往往把增加投资作为推动经济快速增长的捷径，盲目投资和低水平重复建设造成总投资额和结构双重不合理，严重阻碍了投资的效率。国有企业往往根据各自的利益做出有悖于宏观改革的选择。权力机构对经济整体发展趋势的研判同地方国企对各自财政利益的极力维护之间的博弈，往往会导致社会利益的损失，使投资体制改革流于形式。

（二）投资法制建设的滞后

我国的国有资本投资体制的法制建设一直滞后，关于国企投资、国企管理方面的法律法规匮乏，对国企投资的管理难以做到有法可依。在国企投资管理上，国家只重视事前审批而忽略事中事后监管，没有执行严格有效的投资监督制度。由于缺乏有效的制约手段和惩罚措施，投资活动秩序非常混乱。此外，由于违规成本过低、风险过小，国有企业常有恃无恐地违反规定上项目，造成低水平重复建设盛行。

（三）投资管理制度缺乏协调性

国家的投资管理制度政出多门，缺乏统一的协调性。一些国有企业趁机钻政策的空子，国家的调控政策难以落实。这在地方上显得尤为严重，许多地方政府的行业主管部门都有一定的项目审批权，而由于项目审批权限过于分散，地方政府管理部门根本不能全面掌握和了解当地的实际投资状况，更谈不上调控和管理。

二　国有资本境外投资体制改革困境的成因

（一）对外投资面临的国际挑战

全球投资格局正处于深度调整时期。欧美国家寻求在新一轮经济全球化中继续主导全球投资规则的制定，而我国谋求在全球投资规则谈判中有更多的话语权。国际投资协定向多边化方向发展，国际投资争端仲裁体系逐渐扩大，自由化谈判发展加速。当前国际投资体制的发展正处在一个关键时期。一方面，世界各国正积极开展区域经济合作，推动投资自由化进程；另一方面，世界各国在权衡投资者与东道国的利益平衡后，倾向于维护东道国权利。同时，重叠交错的各类投资协定使声明多边投资协议纪律具有必要性。中国当前正处在影响国际投资体制的战略窗口期，我国对国际投资体制的声明主张显得至关重要。

动荡不安的国际投资环境影响了我国对外投资的稳步发展。当前，全球大宗商品价格波动剧烈，发达国家经济增长疲乏，发展中国家经济体系不稳定，诸多叠加因素不利于我国企业对外投资的持续发展。近年来，西方国家的投资保护主义趋势愈演愈烈，一些国家常基于保护国家安全的名义严格审查我国国有企业的境外投资，严重影响了我国企业开展正常的对外投资。与成熟的国际跨国公司相比，中国企业在技术、品牌、跨国经营、风险应对等许多方面仍存在很大的差距，在全球价值链体系中处于较弱的地位，我国企业的国际竞争力和抵抗风险能力亟待提高。

（二）对外投资的相关法律制度尚未完善，现有立法的权威性较低

改革开放后，社会主义的经济体制决定了我国对外投资的主体将是国有独资或国有控股公司。近年来，虽然我国的对外投资金额持续增加，但对外直接投资的相关法律制度还不够完善，制约了我国的全面对外开放。中国目前的对外投资法律制度并不区分企业的所有制，对所有企业平等对待。而我国国企的对外投资缺乏必要的监管制度，主要依靠企业自律，从而导致了境外国有资产的大量流失。随着近些年境外存量国有资产的急速增长，我国对境外国有资产进行监管的需求也越来越迫切。目前，我国的对外投资在立法层面还存在一定程度的空白，对外投资企业仍然主要根据相关部门的行政法规行事。对外投资的法律法规主要注重事前审批，忽略对事后的监管，导致缺乏法律法规监管国有资本境外投资的企业。国有资本对外投资后基本处在失控的状态，造成了巨额国有资产流失的现象。与我国相对成熟的引进外资立法比较，对外投资的法律法规立法层次较低。至今，我国尚未颁布一部对外投资的法律。当前我国主要通过行政规章规范对外投资关系。许多涉及对外投资关系的税收、外汇、国有资产管理的"暂行办法"运行多年仍在暂行。

（三）国有资产管理部门屡次变更，对企业国有资产进行管理的政策缺乏连贯性

当前，国家发展和改革委员会负责管理投资项目，商务部门负责管理对外贸易业务，外汇管理局负责管理汇兑结算业务，财

政相关部门负责管理财务成本及收益分配，它们共同构成了我国的境外投资管理体制。而在对外投资过程中，国有资本管理部门存在严重缺位的现象，基本依靠商务部及发改委管理境外投资。目前，境外投资管理体制的各个部门有职能分工，但它们各司其职造成了审批内容重叠、职能交叉的现象。[①] 造成企业国有资产缺乏监管的根本性原因在于国有资产管理部门的屡次变更变动，制定的国有资产管理政策法规不具有连贯性。因此，我国对外直接投资体制存在内在的制度缺陷，横向转移审批权限并没能从根本上解决问题，甚至使重复审批问题更加复杂化。

（四）国资委作为出资人对国有资本进行管理存在的问题

我国制定的《企业国有资产法》明确规定，国务院国有资产监督管理委员会和各级地方国有资产委员会代表同级人民政府履行职责。但学术界对国资委作为出资者对国有资本的管理，一直存在疑虑。我国的国有企业基数庞大，存在多种多样的产权形式。因此，我国适合采用三层国有企业管理模式，即通过国家控股公司代行出资者权利。但我国颁布的《国有企业资产法》规定采用双层国有企业管理模式，即国家通过设立行政主管部门行使出资者权利。国资委既要履行监管者的智能，也要履行投资者的职能。国资委的双重身份容易导致政企不分，使其很难有效地行使出资人的职责，不利于现代企业制度的建立。如果境内的国有企业股东做不到政企分开，那么境外的国有企业也同样无法做到政企分开。此外，境外的国有企业要受到我国的监管体制及东道国的法律体制的双重管理。如果我国依然不改变政企不分的现象，将必然导致与法制健全的东道国发生管理层面的冲突，进而无法与国际接轨。

---

① 刘苏云：《国企境外直接投资法律监管体制的缺陷分析与完善》，《企业经济》2009 年第 12 期。

第六章
国有资本投资体制的效率分析与绩效评价

进入 21 世纪以来，全球经济一体化的进程日益加快，而我国更为直接地面临着来自全世界范围的竞争压力。要在全球化竞争中立于不败之地，就必须全方位提高我们的经济运行效率，而提高投资效率无疑是其中极其重要的一部分，是一项涉及企业竞争力、金融、市场环境及政府职能的系统工程。目前我国还存在投资效率不高、国有资本投资体制服务供给侧结构性改革乏力的问题。因此以提高投资效率的思维为根本来度量经济增长，加强供给侧结构性改革和国有资本投资体制相互耦合是促进社会经济持续稳定发展的必经途径。此外，中央"十三五"规划纲要强调要扩大对外投资，实现从商品输出向资本输出的历史性转变。因此，厘清国有资本境内外投资效率的影响因素和作用机理，能够为经济结构的调整和开放型经济提供理论支撑，进而为深度融入全球价值链和构建开放融合的全球要素配置体系提供政策和建议。而如何客观地评估我国国有资本投资体制是制度设计与变革需要解决的首要问题。根据我国国有资本投资体制深化改革的目标，构建国有资本投资体制评价的指标体系为对我国国有资本投资体制的现状进行客观评估提供了分析工具，同时，为国有资本投资体制的深化改革提供了决策基础。

第一节　国有资本境内投资效率的实证分析

在经济新常态背景下，我国经济增长速度趋缓，近年来投资增速主要靠房地产和基础建设投资支撑，国有资本投资收益率持续下降。30 多年来，经济学家实证研究普遍发现投资与经济增长呈正相关关系，从短期来看投资体现为需求效应，长期来看更多地体现为供给效应，中国经济要保持稳定增速离不开投资驱动。现阶段我国经济运行的矛盾主要集中在供给侧方面，当前供给侧结构性改革不能弱化投资的力量，应当格外重视投资，通过转变经济发展方式，提高供给的质量和效率。本节以供给侧结构性改革为背景，通过实证模型实证分析国有资本投资效率，以此探寻国有资本投资效率问题的潜在困囿。

一 FHP 理论模型的阐释

Fazzari、Hubbard 和 Peterson[①]1988 年初次对投资－现金流敏感性这一融资约束对企业投资行为的影响进行了系统化研究，提出了 FHP 模型，即：

$$I_{it} = f(X)_{it} + g(CF)_{it} + \varepsilon_{it} \tag{1}$$

其中，I_{it} 代表企业 i 在 t 时期的投资支出；$f(X)_{it}$ 代表企业 i 在 t 时期的投资机会，通常用托宾 Q 值来度量；$g(CF)_{it}$ 代表企业 i 在 t 时期的内部现金流。

该模型认为，股利的支付水平可以代表企业面临的信息不对称程度，信息不对称程度越高，企业外部融资的成本越高，企业发放的股利也就越少。因此，FHP 模型的结论即是：在投资机会稳定的情况下，股利支付越少的企业，其投资支出对现金流的敏感系数越大。

FHP 模型对于融资约束的开创性研究得到了很多学者的支持，他们利用不同国家的数据进行实证检验，得出了大量有利于

---

① Fazzari S M, Hubbard R G, Petersen B C, et al., Financing Constraints and Corporate Investment [J]. *Brookings Papers on Economic Activity*, 1988 (1): 141 – 206.

FHP 模型的结论，但仅仅考虑投资 – 现金流敏感度这一因素来解释企业的投资行为的方法也引起了不少争议，大量学者从不同角度对该模型进行了改进和完善，本书在 Richardson[1] 企业投资理论模型的基础上，利用下列模型对我国国有上市公司的投资效率进行实证检验：

$$I_{i,t} = C + \beta_1 Lev_{i,t-1} + \beta_2 Cash_{i,t-1} + \beta_3 Ag_{i,t-1} + \beta_4 ROA_{i,t-1} + \beta_5 Size_{i,t-1}$$
$$+ \beta_6 Age_{i,t-1} + \beta_7 I_{i,t-1} + \beta_j \sum Year + \beta_k \sum Indus + \varepsilon_{i,t} \qquad (2)$$

其中，$I_{i,t}$ 代表公司 i 在第 t 年的新增投资支出；$Lev_{i,t-1}$ 表示公司 i 在第 $t-1$ 年的资产负债率；$Cash_{i,t-1}$ 表示公司 i 在第 $t-1$ 年的现金持有量；$Ag_{i,t-1}$ 表示公司 i 在第 $t-1$ 年的资产增长率；$ROA_{i,t-1}$ 表示公司 i 在第 $t-1$ 年的资产报酬率；$Size_{i,t-1}$ 表示公司 i 在第 $t-1$ 年的规模；$Age_{i,t-1}$ 表示公司 i 在第 $t-1$ 年的上市年限；$I_{i,t-1}$ 表示公司 i 在第 $t-1$ 年的新增投资支出；$Year$ 和 $Indus$ 分别表示年度和行业虚拟变量。

二 基于 FHP 理论模型的实证分析

（一）样本的选取

本书利用刘芍佳等[2]，夏立军、方轶强[3]以及夏立军、陈信元[4]等所倡导的"终极产权论"来区分国有上市公司与非国有上市公司，按照北京聚源锐思数据科技有限公司金融研究数据库中对上市公司的划分标准，选择了 2010～2015 年 366 家国有上市公

---

① Richardson S. Over – investment of Free Cash Flow [J] . *Review of Accounting Studies*, 2006, 11 (2 – 3)：159 – 189.

② 刘芍佳、孙霈、刘乃全：《终极产权论、股权结构及公司绩效》，《经济研究》2003 年第 4 期。

③ 夏立军、方轶强：《政府控制、治理环境与公司价值——来自中国证券市场的经验证据》，《经济研究》2005 年第 5 期。

④ 夏立军、陈信元：《市场化进程、国企改革策略与公司治理结构的内生决定》，《经济研究》2007 年第 7 期。

司作为初始样本，其中：中央企业 84 家，地方国有企业 278 家，集体企业 4 家。

如表 1 所示，在初始样本的基础上，本书剔除了 2010 年后上市的公司、ST 类与 PT 类上市公司、同时发行 B 股或在境外上市的公司以及金融类上市公司，做了上述剔除后，最终剩下 198 家上市公司，选取 2010~2015 年共 5 年的年报数据作为研究样本，总观测值为 990 个。

表 1　样本的筛选过程

筛选过程	筛选依据	上市公司数量
2010~2015 年 A 股主板上市公司中所有中央企业、地方国有企业和集体企业	使用最近 5 年的数据，并根据公司实际控制人的经济性质进行划分	366
剔除 2010 年后上市的公司	避免新股发行对投资行为的影响，保持投资的连续性	264
剔除被 PT 和 ST 的上市公司	ST 类与 PT 类公司财务状况恶化，投资行为不具有代表性	248
剔除同时发行 B 股或在境外发行股票的上市公司，仅考虑只发行 A 股的上市公司	避免 A 股、B 股以及境外上市股之间的差异，投资行为不具有代表性	205
剔除金融类公司	考虑金融类公司财务特征的差异性，投资行为不具有代表性	198

　　资料来源：根据聚源锐思金融研究数据库相关数据整理而得。

（二）变量选择及处理

1. 被解释变量：投资支出 I

本书所述的投资支出为 Richardson（2006）中的新增投资，根据其对投资的分类思想，企业投资应该分成两个部分，即维持性投资与新增投资，前者是企业日常经营活动所发生的必要性投资，总投资减去该项投资即为后者。再依据黄良杰[1]关于投资支

---

[1]　黄良杰：《国有上市公司非效率投资问题研究：基于地方政府治理视角》，清华大学出版社，2013，第 126 页。

出的计算方法，企业投资支出 =（年总投资 – 维持性投资）/该年期初资产总额，具体如表 2 所示。

表 2　变量选择

变量名称	变量的含义	变量的计算
I	投资支出	新增投资①/期初资产总额
Lev	资产负债率	负债总额/资产总额
Cash	现金持有量	现金余额/期初资产总额
Ag	资产增长率	（期末资产总额 – 期初资产总额）/期初资产总额
ROA	资产报酬率	利润总额/资产总额
Size	公司规模	以总资产的自然对数表示
Age	上市年限	以公司自上市至 2015 年年数表示
Indus	行业	以虚拟变量表示
Year	年度	以虚拟变量表示

2. 解释变量

本书拟考虑以下解释变量对国有上市公司投资支出的影响：一是衡量上市公司融资约束的资产负债率 Lev，根据上市公司每年的资产负债表可得；二是用于衡量上市公司投资 – 现金流敏感性的现金持有量 Cash；三是衡量国有上市公司资产规模增长的资产增长率 Ag；四是衡量国有上市公司利润增长情况的资产报酬率；此外，还有一些其他控制变量，如公司规模 Size，公司上市年限 Age，公司所属行业 Indus 以及年度 Year。

（三）变量的描述性统计

表 3 表明，2010~2015 年我国国有上市公司的平均投资支出

---

① 新增投资 =（购建固定资产、无形资产和其他长期资产所支付的现金 + 购买和处置子公司及其他营业单位所支付的现金 + 权益性投资所支付的现金 + 债权性投资支出所支付的现金 – 处置固定资产、无形资产和其他长期资产而收回的现金净额）– 折旧与各种长期资产的摊销支出之和。

增长约 3.76%，相对较低，这与近几年我国经济增长速度的下滑相一致；平均资产负债率约为 55.84%，基本维持在一个比较适度的负债水平上；平均资产增长率约为 21.04%，平均资产报酬率为 22.13%，即我国国有上市公司在近几年中仍然保持了较高的资产规模扩张速度以及较高的利润增长水平；此外，2010～2015 年，我国国有上市公司的平均规模在 22.87 亿元左右，平均上市年限接近 15 年，说明我国的资本市场给予了国有企业较大的发展空间。

表3 各变量的描述性统计

变量	均值	中位数	最大值	最小值	标准差
I	0.0376	0.0211	0.4853	-0.0042	0.2214
Lev	0.5584	0.5620	14.6521	0.0025	0.3987
$Cash$	0.1268	0.1029	0.2563	-0.0012	0.0985
Ag	0.2104	0.1273	16.8534	-0.8652	0.7146
ROA	0.2213	0.1385	10.8742	-0.7698	0.5384
$Size$	22.8651	22.4128	24.6345	18.6427	1.5982
Age	14.8652	15.3264	27.9548	4.6845	3.6854

（四）相关系数分析

通过表 4 的相关系数分析，我们可以得到各个变量两两之间的简单线性相关关系，为进一步的回归分析等做适当铺垫。观察表 4 可知，我国国有上市公司的投资支出与公司的现金持有量、资产增长率、资产报酬率以及上期的投资支出的相关系数均显著为正；而与上市公司年限以及资产负债率的相关系数显著为负，与公司规模的相关系数不显著。以上说明：在不考虑其他因素的情况下，我国国有上市公司的投资支出与上述变量间均可能存在一定的相关性，具体的关联性需要下文做进一步检验。

表4　各变量的相关系数分析

	I	Lev	$Cash$	Ag	ROA	$Size$	Age	I_{t-1}
I	1	-0.04*** (0.00)	0.12*** (0.00)	0.07*** (0.00)	0.05** (0.03)	0.01 (0.11)	-0.01* (0.07)	0.63*** (0.00)
Lev	-0.04*** (0.00)	1	-0.15*** (0.00)	0.01 (0.63)	-0.04* (0.06)	-0.02 (0.54)	0.06** (0.02)	-0.02*** (0.00)
$Cash$	0.12*** (0.00)	-0.15*** (0.00)	1	0.08*** (0.00)	0.03* (0.06)	-0.08*** (0.00)	-0.07*** (0.00)	0.04** (0.04)
Ag	0.07*** (0.00)	0.01 (0.63)	0.08*** (0.00)	1	0.09*** (0.00)	0.12*** (0.01)	-0.03 (0.31)	0.05** (0.02)
ROA	0.05** (0.03)	-0.04* (0.06)	0.03* (0.06)	0.09*** (0.00)	1	0.03** (0.04)	0.00 (0.85)	0.02* (0.07)
$Size$	0.01 (0.11)	-0.02 (0.54)	-0.08*** (0.01)	0.12*** (0.01)	0.03** (0.04)	1	0.14*** (0.00)	0.05* (0.09)
Age	-0.01* (0.07)	0.06** (0.02)	-0.07*** (0.00)	-0.03 (0.31)	0.00 (0.85)	0.14*** (0.00)	1	-0.06*** (0.01)
I_{t-1}	0.63*** (0.00)	-0.02*** (0.00)	0.04** (0.04)	0.05** (0.02)	0.02* (0.07)	0.05* (0.09)	-0.06*** (0.01)	1

注：表格中的相关系数为皮尔逊相关系数（Pearson Correlation），系数下方括号里数字为双尾检验的显著性水平，***、**、*分别表示在1%、5%以及10%的水平下显著。

（五）回归结果分析

通过表5，我们不难发现下列结论。

第一，在1%的显著性水平下，国有上市公司投资支出与现金持有量、资产报酬率、公司规模、上一期的投资支出显著正相关。结果表明：首先，现金持有量将对国有上市公司的投资决策起到一定的约束作用，投资 – 现金流的敏感度大约为0.014，即国有上市公司现金持有量增加1个单位，将促进其投资支出增加0.014个单位；其次，利润的增长对国有上市公司投资支出具有一定的正向影响，即公司利润的增长有利于刺激国有上市公司扩大投资规模；再次，公司规模越大，其投资支出也越多，国有上市公司投资支出与公司规模具有同向变动关系；最后，国有上市公司的投资支出具有连续性，上一期投资支出的增加将显著地带动本期的投资支出，反之亦然。

表5　回归结果

		回归系数	T 值
因变量 I 对各自变量的回归系数及其检验	Cons	0.3254 ***	8.65
	Lev	0.1241 *	1.24
	Cash	0.0142 ***	28.63
	Ag	0.0225 **	1.71
	ROA	0.0031 ***	9.85
	Size	0.0274 ***	54.23
	Age	-0.0026 ***	-16.52
	I_{t-1}	0.574 ***	48.52
	修正后的 R^2	0.635	
F 检验	F 值	102.356	
	P 值	0.000	
	DW 值	2.054	

注：***、**、*分别表示在1%、5%以及10%的水平下显著。

第二，在5%的显著性水平下，国有上市公司投资支出与资产增长率显著正相关，说明规模的增长是国有上市公司在进行投资决策时考虑的一个重要因素，这与我国的实际情况密切相关，在传统的政治绩效考核标准下，国有上市公司通常趋向于"规模最大化"的发展目标，规模的扩大有助于地方经济的增长以及就业水平的提高，从而提升地方政府的政治绩效。

第三，在10%的显著性水平下，国有上市公司的投资支出与资产负债率显著正相关，除了对现金持有量的融资约束敏感，国有上市公司的投资支出对资产负债率这一融资约束也较为敏感。

第四，在1%的显著性水平下，国有上市公司投资支出与上市年限显著负相关，随着企业发展的日益成熟，各项硬件、软件投资建设越来越完善，新增投资的数额呈逐年下降趋势。

在198家样本公司中，回归模型残差项的符号如表6所示：残差为正样本数代表投资过度，残差为负样本数则表示投资不足。通过表 6 不难发现，2010～2015 年，我国国有上市公司总体投资效率不高，投资过度现象有下降趋势，这也从侧面说明了我国产能过剩的原因，与国有上市公司的过度投资密切相关。而投资不足现象则相反，有上升趋势，这与近几年来我国经济进入"新常态"有很大关系，经济的下滑导致企业投资意愿下降。

表 6　回归模型残差项符号

年份	残差为正样本数	残差为负样本数	残差为零样本数
2010	140	54	4
2011	125	66	7
2012	102	84	12
2013	104	83	11
2014	83	107	8
2015	77	115	6

三　国有资本境内投资效率实证的主要结论

以上结合我国供给侧结构性改革背景对国有资本投资效率进行了实证分析，通过资产负债率、现金持有量、资产增长率、资产报酬率、公司规模、上市年限等变量，分析了国有资本投资水平与各变量的关系。结果表明，长期以来国有上市公司"规模最大化"的经营目标对我国的投资水平造成了重大影响，长时间的扩张型投资支出致使诸多行业产能严重过剩，从近几年的实证剖析结果也可看出，我国国有上市公司投资过度的现象较为严重。直到 2013 年，我国经济进入"新常态"后才有所改变，2015 年国家提出的"供给侧结构性改革"更是直接把改革对象指向了过度投资的企业，尤其是国有企业。

第二节　国有资本境外投资效率的实证分析

目前，中国已成为全球对外投资最多的发展中国家。根据商务部 2016 年公布的最新数据，我国对外直接投资额首次突破万亿元，再次创下历史性新高。由于我国对外投资起步较晚，对外投资的主体仍然是国有企业。对外投资的行业主要集中于金融、能源等资源类或高度垄断的行业，而对于高科技领域的投资相对不足，导致国有资本多层次对外投资效率低下。本节基于 PVAR 模型通过分析国有资本境外投资效率，探寻影响国有资本境外投资效率的潜在因素。

一 样本的选取

由于中央企业是国有资本的主要力量，在对外投资中占了大部分比例，所以本书选取我国的中央企业作为研究样本，根据国资委 2016 年 12 月 30 日公布的中央企业目录进一步筛选，筛选过程如表 7 所示。根据北京聚源锐思数据科技有限公司（RESSET）金融研究数据库中所有中央企业旗下的 A 股上市公司，本节选择了2007 ~ 2015 年的 179 家国有上市公司作为初始样本，在初始样本的基础上，剔除了 2007 年后上市的公司、ST 类与 * ST 类上市公司。做了上述剔除后，最终剩下 137 家上市公司，本节选取了 2007 ~ 2015 年共 9 年的年报数据作为样本数据，总观测值为 1233 个。

表 7　样本的筛选

筛选过程	筛选依据	上市公司数量
2007 ~ 2015 年所有中央企业旗下的 A 股上市公司	"国资委" 目录下的中央企业，有些企业拥有多家 A 股上市公司	179
剔除 2007 年后上市的公司	避免新股发行对投资行为的影响，保持投资的连续性	146
剔除被 ST 和 * ST 的上市公司	ST 类与 * ST 类公司财务状况恶化，投资行为不具有代表性	137

资料来源：根据聚源锐思金融研究数据库相关数据整理而得。

本节所述的对外投资支出 I 包括国有上市公司对外直接投资支出以及对外国企业的并购资金支出，即为对外直接投资与间接投资的总和；并且拟考虑以下解释变量对国有上市公司投资支出的影响：一是衡量上市公司融资约束的资产负债率 *Lev*，根据上市公司每年的资产负债表可得；二是用于衡量上市公司投资 - 现金流敏感性的现金持有量 *Cash*；三是衡量国有上市公司规模增长情况的资产增长率 *Ag*；四是衡量国有上市公司利润增长情况的资产报酬率 *Roa*；此外，还有控制变量：公司规模 *Size*（见表 8）。

表 8 变量选择

变量名称	变量的含义	变量的计算
I	对外投资支出	（新增对外直接投资 + 新增对外间接投资）/期初资产总额
Lev	资产负债率	负债总额/资产总额
Cash	现金持有量	现金余额/期初资产总额
Ag	资产增长率	（期末资产总额 - 期初资产总额）/期初资产总额
Roa	资产报酬率	利润总额/资产总额
Size	公司规模	以总资产的自然对数表示

二 面板数据向量自回归模型（PVAR 模型）

（一）模型设定

本节运用面板数据向量自回归模型（PVAR 模型）分析我国中央企业的对外投资效率问题，具体地，模型设定为：

$$X_{i,t} = \beta_0 + \sum \beta_j X_{i,t-j} + \gamma_i + \varepsilon_{i,t}$$

其中，i 代表各个上市公司，t 代表时间，$X_{i,t}$ 是一个向量，包括了表 8 中所涉及的各个变量，即 $X_{i,t}$ 是由 $I_{i,t}$、$Lev_{i,t}$、$Cash_{i,t}$、$Ag_{i,t}$、$Roa_{i,t}$ 以及 $Size_{i,t}$ 构成的列向量；β_0 为一常数，用于衡量时间趋势特征；γ_i 代表了上市公司的固定效应；此外，$\varepsilon_{i,t}$ 为残差项，残差具有统计含义，当其大于零时代表投资过度，残差为负则表示投资不足，投资的非效率包括投资不足与投资过度两种情况。

（二）单位根检验

面板数据向量自回归模型要求回归向量中的各个变量应当是同阶单整的，于是，利用 LLC 检验、IPS 检验、ADF 检验以及 PP 检验，我们对对外投资支出 I、资产负债率 Lev、现金持有量 $Cash$、资产增长率 Ag、资产报酬率 Roa 以及公司规模 $Size$ 进行单位根检验，结果如表 9 所示。结果表明：各个变量的原始序列为非平稳序列；而对各变量进行一阶差分后，除了个别变量的个别检验结果在 10% 水平下平稳外，其余在 5% 水平下均平稳。

表 9　各变量单位根检验结果

变量	LLC		IPS		ADF		PP	
	检验值	P 值	检验值	P 值	检验值	P 值	检验值	P 值
I	3.549	0.730	4.012	0.801	20.604	0.546	14.972	0.581
Lev	1.542	0.631	0.973	0.547	17.201	0.732	15.763	0.489
$Cash$	0.356	0.401	0.189	0.298	19.562	0.496	17.574	0.393
Ag	4.653	0.832	5.324	0.865	10.657	0.901	9.993	0.934
Roa	0.188	0.203	0.652	0.189	28.295	0.177	24.987*	0.090
$Size$	1.602	0.664	1.422	0.604	18.212	0.576	15.001	0.512
ΔI	−7.502***	0.000	−6.634***	0.000	82.839***	0.000	76.346***	0.000
ΔLev	−4.638***	0.000	−3.456***	0.001	45.867***	0.000	28.713***	0.002
$\Delta Cash$	−6.116***	0.000	−1.824*	0.054	52.457***	0.000	35.351***	0.000
ΔAg	−2.103***	0.008	−3.613***	0.000	48.965***	0.000	25.116**	0.021
ΔRoa	−5.541***	0.000	−3.296***	0.000	56.456***	0.000	42.643***	0.000***
$\Delta Size$	−2.040**	0.020	−4.235***	0.000	53.824***	0.000	31.125*	0.072

注：*、**、***分别表示检验序列在 10%，5% 和 1% 水平下显著。

（三）协整检验

基于上述单位根检验，本节进一步对各个变量进行协整检验，目前，常用的面板数据协整检验方法有：Panelv 检验、Panelrho 检验、PanelPP 检验、PanelADF 检验、Grouprho 检验、GroupPP 检验以及 GroupADF 检验，采用这些方法进行检验，结果如表 10 所示。大部分检验结果表明：各个变量之间存在协整关系，尤其是在 1% 水平下，PanelPP 检验、PanelADF 检验、GroupPP 检验以及 GroupADF 检验均是显著的，而相对而言，这些检验统计量具有较好的统计性质。[①] 因此，我们认为各个变量间存在协整关系，说明对外投资支出 I、资产负债率 Lev、现金持有量 $Cash$、资产增长率 Ag、资产报酬率 Roa 以及公司规模 $Size$ 之间存在一种长期的均衡关系，通过上述变量来研究我国国有资本对外投资的效率具有较强的支撑。

表 10　面板数据协整检验结果

统计量	值	统计量	值
Panelv	− 8. 4872 **	Grouprho	1. 8475
Panelrho	0. 7845	GroupPP	− 11. 3895 ***
PanelPP	− 14. 8467 ***	GroupADF	− 9. 2349 ***
PanelADF	− 12. 5839 ***		

注：* 、** 、*** 分别表示检验序列在 10%，5% 和 1% 水平下显著。

（四）脉冲响应分析

相对于对投资效率影响因素的其他研究，为了更加深入地分析我国国有资本对外投资效率的影响因素，我们可以对上述面板数据向量自回归模型进行脉冲响应分析，具体地，可得图 1 所示的系列结果，该结果分别罗列了资产负债率 Lev、现金持

---

① 齐俊妍、陈娟：《区域经济背景下贸易影响因素及发展潜力研究——基于亚太经济合作组织及东盟国家的分析》，《经济问题探索》2016 年第 11 期。

有量 *Cash*、资产增长率 *Ag*、资产报酬率 *Roa* 以及公司规模 *Size* 对对外投资支出 *I* 的脉冲响应情况。图 1（a）显示：资产负债率 *Lev* 增加一个单位标准差将引起对外投资支出 *I* 的较长时间下滑，导致企业对外投资不足，这也表明企业的负债率越高，其对外投资的意愿越低，从而使投资不足，出现投资非效率的现象，事实上，向量自回归模型的残差项已经表明，在大部分时间内，我国大部分国有资本，其对外投资回归后残差项均为负值，即大部分企业在绝大多数情况下，均存在投资不足的问题；图 1（b）显示：现金持有量 *Cash* 的增加将引起对外投资支出 *I* 增长，即说明企业的流动性越强，越能刺激企业增加其对外投资，从而在一定程度上改善投资不足问题，引起投资效率一定幅度的上升；图 1（c）显示：资产增长率 *Ag* 的增加有利于企业持续较大幅度地扩大对外投资，提升其对外投资效率，这主要是受益于企业资产规模的扩大，扩张的资产规模带动了企业的对外投资规模；图 1（d）显示：资产报酬率 *Roa* 的上升将导致企业降低其对外投资额度，引起我国国有资本对外投资不足，导致投资的非效率，这可能是由于较高资产报酬率 *Roa* 容易使企业满足于现有投资规模，而不愿意冒险扩大对外投资规模，从而对投资效率造成一定的负面影响，另外，通过对数据的进一步挖掘，我们发现，高资产报酬率 *Roa* 的样本企业通常是国内业务比重较高的上市公司，说明国内业务可能是导致资产报酬率 *Roa* 较高的主要原因，由于在进行投资决策时，国内业务与境外业务之间具有一定的替代性，所以较高的资产报酬率反而使企业对外投资的意愿出现下降的现象；图 1（e）显示：公司规模 *Size* 的扩大对企业的对外投资能产生一定的正向影响，这与我国企业对外投资的基本现状相符，一般地，规模大的国有企业对外投资的规模往往要大于那些规模相对较小的企业，说明规模越大的国有企业越不容易出现对外投资不足这种投资非效率现象，其对外投资的效率相对越高。

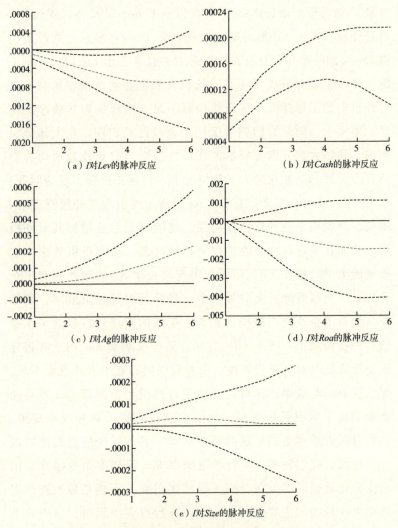

图1　面板数据向量自回归模型的脉冲响应分析

三　国有资本对外投资效率的实证结论

基于面板数据的协整检验表明：对外投资支出 I 与资产负债率 Lev、现金持有量 $Cash$、资产增长率 Ag、资产报酬率 Roa 以及公司规模 $Size$ 之间存在一种长期的均衡关系，对说明国有资本的对外投资效率问题具有较强的说服力。通过对面板数据的向量自回归模型分析和脉冲响应分析，我们发现大部分国有资本对外投资的收益为负，即大部分企业在绝大多数情况下，均存在投资不足的问题；脉冲响应分析还显示，资产负债率 Lev 与资产报酬率 Roa 对我国国有资本的对外投资效率形成负向冲击；而现金持有量 Cash、资产增长率 Ag 以及公司规模 Size 对我国国有资本的对外投资效率形成正向冲击。为了改变我国国有资本对外投资不足的现状，提升我国国有资本的对外投资效率，可以在降低企业负债、保持企业较强流动性、增强企业资本实力以及适当扩大企业规模等方面下功夫，此外，实证分析还发现过高的资产报酬率不利于提升我国国有资本的对外投资效率，这与本书所选取的样本国有企业经营的区域特点具有较大关系。

第三节　构建国有资本投资体制的评价指标体系

根据国有资本投资体制改革"自上而下"的目标，本节运用 AHP 层次分析法和 PSO 粒子群优化算法，"自下而上"设计国有资本投资体制评价的指标体系。国有资本投资体制评价的指标体系的构建可以为对我国国有资本投资体制的现状进行客观评估提供分析工具，同时能够为分析不同历史时期国有资本投资体制评价的动态轨迹提供定量分析工具，并为国有资本投资体制深化改革提供决策依据。

一　国有资本投资体制的评价指标体系构建的指导思想

市场经济体制改革的目标之一是建立与社会经济发展水平相适应的投资体制。建立和完善投资体制是市场经济发展的必然要求。国有资本投资体制作为政府宏观管理的表现形式，既是社会主义市场经济体制的重要内容，也是国有资本管理体制的重要组成部分。

二　国有资本投资体制评估指标体系的构建原则

我国的国有资本投资体制的评估指标体系是一个结构复杂的系统工程，涉及的各方利益众多，因而评估指标体系的变量错综复杂。评价指标对评价体系的科学性和结论的准确性具有至关重要的作用，因此构建评估指标体系的关键步骤之一是选择评价指标。选择过多的指标会导致重复率过高，指标之间会产生干扰，计算也更为复杂；但选择的指标过少会造成指标缺乏代表性。为使构建的指标体系达到国有资本投资体制深化改革的目标，建立投资体制评价体系应该遵循下面的原则：（1）科学性原则。为了保证综合评价的全面性和可靠性，要选择具有良好相关性和较强稳定性的指标，从不同的层次、不同的角度来反映投资系统的综合状况。即指标能尽量科学全面地反映市场经济体制改革的内涵和运行状况。（2）整体性原则。即国有资本投资体制是市场经济体制的一个重要有机组成部分，建立国有资本投资评价指标体系是一项系统性工作。因此，评价指标体系应该是主观和客观、定性和定量的结合。（3）可行性原则。评价指标应简单、实用、明确、易于获取到信息；指标必须符合在不同时期和不同地区的时间及空间的对比要求。（4）针对性原则。选择的指标体系应当符合国有资本投资体制的特点，并且突出评价的主要因素。（5）独立性原则。选择的指标要能够最准确地反映目标的特点且同一层次上的各个指标间要具有独立性。指标之间要避免显见的包含关系，不交叉，不重叠。（6）定性与定量相结合的原则。指标的选择要克服单纯定性或定量评价的不足，可使评价具有客观性，便于采用模型处理。

此外，在建立国有资本投资体制评价指标体系时，要求选择的评价指标具有以下几方面的特点：（1）覆盖面广。选择的指标要具有综合代表性，要涉及与国有资本投资体制评估目标有关的各个领域，体现目标与指标之间的支配关系。（2）健全性。选择的指标体系要把评估体系的建立健全放在第一位，突出体系运行的质量和效益。（3）指标体系要注重运用综合性指标和相对性指标。如净资产收益率、内部报酬率等，这些指标是根据若干指标通过计算复合而得，在增加了指标信息量的同时，具有较强的可操作性和可比性。（4）稳定性和一致性。要求选择的指标体系在同一个时间段的不同空间的运行中具有较强的稳定性和一致性。

三　国有资本投资体制的评价指标体系构建

国有资本投资体制评价的核心问题之一是确立评估指标体系。指标体系作为评价对象的系统结构框架，直观地反映了国有资本投资体制的发展趋势。指标体系的构建应当从总目标出发逐级定位下一级子目标，最终确定各个层级的指标。构建评价指标体系是一个循环反复的过程，可按以下几个步骤来操作。

（一）全面搜集相关信息资料：全面整理、归纳分析收集的相关信息资料，以加深对国有资本投资体制评价的理解。

（二）目标分析：明确国有资本投资体制改革的总体目标和分目标，确定国有资本投资体制改革的内涵，以及各个层级目标间的主要次要关系。

（三）指标分析与筛选：评价指标体系是评价对象的总目标以及各评价指标根据其内在逻辑关系组成的一个树形结构。指标的初步筛选应当根据有关专家学者的建议进行，再根据国有资本投资体制的特点进一步简化初选指标，并删除内容交叉重复的指标。最后，要选择具有独立性、代表性强的指标，并综合使用定性指标与定量指标、静态指标与动态指标。

（四）指标权重的分析：根据各层级指标对总目标的不同重要程度及不同贡献程度，应对不同指标赋予不同的权重。特别是指标体系的复杂性使权重的整合分析尤为重要。

（五）指标体系的最终确定与检验：应在广泛征求专家和专业从业人员意见的基础上，确定最终的评价指标体系，并在实践中不断检验修正。

　　围绕国有资本投资体制改革的总体目标，本书在应用德尔菲专家问卷法和访谈的前提下，根据指标的有效性、可靠性和独立性对指标进行筛选。通过三次循环德尔菲法，再结合专家咨询和综合判断对指标进一步层层筛选、系统综合，形成了由投资决策机制、投资动力机制、投资调控机制、投资运行机制、投资信息机制共5个二级指标、19个三级指标、74个四级指标构成的国有资本投资体制评估指标体系（见图2）。

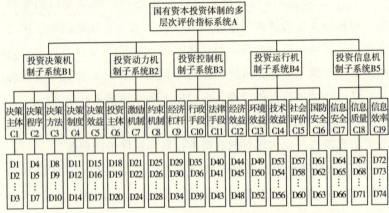

图2　我国国有资本投资体制的多层次绩效评价指标系统示意

　　19个三级评价指标和74个四级指标为：C1：决策主体指标；D1：决策主体的知识水平；D2：决策主体的工作效率；D3：决策组织的合理性。C2：决策程序指标；D4：制度执行力度；D5：制度执行效果；D6：适应情况；D7：反馈情况。C3：决策方法指标；D8：科学性；D9：民主性；D10：合理性。C4：决策制度指标；D11：制度的健全性；D12：制度的科学性；D13：制度的合理性；D14：制度的民主性。C5：决策效益指标；D15：经济效益；D16：社会效益；D17：环境效益。C6：投资主体指标；D18：独立性；D19：主体多元化；D20：产权清晰。C7：激励机制指标；D21：人员流动性；D22：股权激励；D23：现金激励；D24：职位激励。

C8：约束机制指标；D25：明确的责任主体；D26：健全的惩治措施；D27：法人追责制；D28：统一监管主体。C9：经济杠杆指标；D29：税收政策；D30：价格政策；D31：外汇政策；D32：利率政策；D33：信贷政策；D34：产业政策。C10：行政手段指标；D35：强制性命令；D36：指令；D37：指标；D38：规定；D39：指令性任务。C11：法律手段指标；D40：经济司法；D41：经济立法；D42：法律完善性；D43：法律稳定性。C12：经济效益指标；D44：生产性投资效益系数；D45：固定资产交付率；D46：建设周期；D47：净资产收益率；D48：内部报酬率。C13：环境效益指标；D49：用于治理环境污染的投资；D50：用于整治国土的投资；D51：用于恢复生态平衡的投资；D52：用于兴建旅游景点的投资。C14：技术效益指标；D53：投资项目的科学性；D54：投资项目的新颖性；D55：投资项目的先进性；D56：投资项目的实用性。C15：社会评价指标；D57：管理体制满意度；D58：组织效率满意度；D59：决策水平满意度；D60：政府满意度。C16：国防安全指标；D61：政治制度的连续性；D62：政治局势的可控性；D63：社会稳定性。C17：信息安全指标；D64：信息安全保障措施；D65：信息安全保障能力；D66：信息安全保障效果。C18：信息质量指标；D67：信息的完整性；D68 信息的相关性；D69：信息的客观性；D70：信息的可理解性；D71 信息的正确性。C19：信息效率指标；D72：信息的有用性；D73：信息的实时性；D74：信息的及时性。

四 基于 AHP 层次分析法和 PSO 粒子群优化算法的实证分析

美国运筹学家 T. L. 萨蒂（T. L. Saaty）教授提出的层次分析方法是一种结合定性和定量的决策分析技术。[1] 层次分析法

---

[1] Saaty T L. Decision – Making with the AHP：Why is the Principal Eigenvector Necessary［J］. *European Journal of Operational Research*，2003，145（1）：85 – 91.

（AHP）将要识别的目标对象分解为几个相互逻辑关联的层级。专家和决策者使用计算判断矩阵，通过层次重要性来判断所列指标的得分，从而确定基础层的指标对总体目标的重要性的权重结果。层次分析法（AHP）首先将决策问题置于一个相互影响的大系统中。其次，对目标对象进行层次化处理，形成一个多层次的结构分析模型。最后，使用数学方法与定性分析相结合进行分级排序，根据各个方案计算出的权重，辅助决策者进行决策判断。层次分析法（AHP）确定权重的具体步骤如下。

（一）构造判断矩阵。 以 A 表示目标，u_i、u_j（i，$j = 1$，2，$\cdots$，n）表示各个组成因素。u_{ij} 表示 u_i 对 u_j 的相对重要程度的数值，并由 u_{ij} 组成 $A-U$ 判断矩阵 P。

$$P = \begin{bmatrix} u_{11} & u_{12} & \cdots & u_{1n} \\ u_{21} & u_{22} & \cdots & u_{2n} \\ \vdots & \vdots & \vdots & \vdots \\ u_{n1} & u_{n2} & \cdots & u_{nn} \end{bmatrix}$$

（二）计算重要性的排序。 根据判断矩阵 P，求出其最大特征根 λ_{max} 所对应的特征向量 w。方程如下：

$$P_w = \lambda_{max} \cdot w$$

所求得的特征向量 w 经过归一化，即得出各个评价因素的重要性排序，也就是权重的分配。

（三）一致性检验。 通过对判断矩阵的一致性检验，判断得到的权重分配是否合理。使用公式如下：

$$CR = \frac{CI}{RI}$$

公式中，CR 为判断矩阵的随机一致性比率；CI 为判断矩阵的一般一致性指标。由以上公式可得：

$$CI = \frac{\lambda_{max} - n}{n - 1}$$

RI 为判断矩阵的平均随机一致性指标，当判断矩阵 P 的 $CR <$ 0.1 时，或 $\lambda_{max} = n$，$CI = 0$ 时，则认为 P 具有满意的一致性。否则，需要调整 P 中的元素使其具有满意的一致性。

由于层次分析法的专家打分的主观性很强，打分矩阵经常出现不一致或漏填情况，这时我们可以采用粒子群优化算法对专家打分矩阵进行修正。Eberhart 博士和 Kennedy 博士[①]提出了粒子群优化算法（Particle Swarm Optimization，简称 PSO）。PSO 起源于对鸟类捕食行为的研究，其基本核心是利用群体中个体之间的信息共享，使整个群体的运动在解决问题的空间中从无序走向有序，从而获得问题的最优解。PSO 初始时为一群随机粒子，通过迭代求出最优解。粒子在每次迭代中，通过跟踪两个极值来更新自身。粒子在找到两个最佳数值后，通过以下公式更新自身的速度和位置。

$$V_i = V_i + c_i \times rand \ (0 \sim 1) \times (pbest_i - x_i) + c_2 \times rand \ (0 \sim 1) \times (gbest_i - x_i)$$

$$x_i = x_i + v_i$$

$i = 1, 2, \cdots, M$，M 是该群体中粒子的总数；V_i 是粒子的速度；$pbest$ 为个体最优值；$gbest$ 为全局最优值；$rand \ (0 \sim 1)$ 为介于（0、1）之间的随机数；x_i 是粒子的当前位置。c_1 和 c_2 是学习因子，通常取 $c_1 = c_2 = 2$。在每一维，粒子都有一个最大限制速度 V_{max}，如果某一维的速度超过设定的速度，则这一维的速度就被限定为 V_{max}。PSO 分析法计算的修正结果如表 11、表 12 和表 13 所示。修正后的可信度较修正前有所提高，且更符合实际情况。

---

① Kennedy J. Particle Swarm Optimization ［C］. Proc. of 1995 IEEE Int. Conf. Neural Networks，（Perth，Australia），Nov. 27 – Dec.

表 11　专家群决策中间层权重

节点	全局权重	同级权重	上级
• 投资决策机制子系统 B1	0.487162	0.487162	• 国有资本投资体制的多层次评价指标系统 A
• 投资动力机制子系统 B2	0.290557	0.290557	
• 投资调控机制子系统 B3	0.133408	0.133408	
• 投资运行机制子系统 B4	0.0534407	0.0534407	
• 投资信息机制子系统 B5	0.0354329	0.0354329	
• 决策主体	0.229341	0.470769	• 投资决策机制子系统 B1
• 决策程序	0.105706	0.216983	
• 决策方法	0.0550477	0.112997	
• 决策制度	0.063108	0.129542	
• 决策效益	0.0339597	0.0697093	
• 投资主体	0.225989	0.777778	• 投资动力机制子系统 B2
• 激励机制	0.0322841	0.111111	
• 约束机制	0.0322841	0.111111	
• 经济杠杆	0.0974735	0.730645	• 投资调控机制子系统 B3
• 行政手段	0.0108008	0.0809612	
• 法律手段	0.0251332	0.188394	
• 经济效益	0.00747341	0.139845	• 投资运行机制子系统 B4
• 环境效益	0.0098788	0.184855	
• 技术效益	0.0061948	0.115919	
• 社会评价	0.00747341	0.139845	
• 国防安全	0.0224202	0.419535	
• 信息质量	0.011811	0.333333	• 投资信息机制子系统 B5
• 信息效率	0.011811	0.333333	
• 信息安全	0.011811	0.333333	

表 12　群决策底层权重（得分）

底层元素	结论值（全局权重）	同级权重	上级
决策主体的知识水平	0.0862404	0.376037	●决策主体
决策主体的工作效率	0.0437983	0.190975	
决策组织的合理性	0.0993018	0.432988	
制度执行力度	0.0411139	0.388946	●决策程序
制度执行效果	0.0320412	0.303116	
适应情况	0.0188463	0.178289	
反馈情况	0.0137046	0.129649	
科学性	0.0183492	0.333333	●决策方法
民主性	0.0183492	0.333333	
合理性	0.0183492	0.333333	
制度的健全性	0.0191291	0.303116	●决策制度
制度的科学性	0.00818186	0.129649	
制度的合理性	0.0112515	0.178289	
制度的民主性	0.0245456	0.388946	
经济效益	0.0113199	0.333333	●决策效益
社会效益	0.0113199	0.333333	
环境效益	0.0113199	0.333333	
独立性	0.118933	0.526281	●投资主体
主体多元化	0.0179715	0.0795239	
产权清晰	0.0890837	0.394196	
人员流动性	0.0153012	0.473954	●激励机制
股权激励	0.00904627	0.280208	
现金激励	0.00377013	0.11678	
职位激励	0.00416651	0.129058	
健全的惩治措施	0.00260738	0.0807637	●约束机制
法人追责制	0.00240474	0.074487	
统一监管主体	0.0130369	0.403819	
明确的责任主体	0.014235	0.440931	
税收政策	0.0486403	0.499011	●经济杠杆
价格政策	0.0129197	0.132546	
外汇政策	0.0101153	0.103775	
利率政策	0.0157589	0.161674	
信贷政策	0.0046745	0.0479566	
产业政策	0.00536475	0.055038	

底层元素	结论值（全局权重）	同级权重	上级
强制性命令	0.00580747	0.537687	
指标	0.000737151	0.0682494	
规定	0.00221145	0.204748	●行政手段
指令性任务	0.000883276	0.0817784	
指令	0.00116149	0.107537	
经济司法	0.00772003	0.307165	
经济立法	0.00545072	0.216873	
法律完善性	0.00533204	0.212151	●法律手段
法律稳定性	0.00663041	0.263811	
净资产收益率	0.00158962	0.212704	
建设周期	0.000466937	0.0624798	
固定资产交付率	0.0009656	0.129205	●经济效益
生产性投资效益系数	0.00249649	0.334049	
内部报酬率	0.00195477	0.261563	
用于恢复生态平衡的投资	0.00310083	0.313888	
用于治理环境污染的投资	0.00239127	0.242061	
用于整治国土的投资	0.00329915	0.333962	●环境效益
用于兴建旅游景点的投资	0.00108755	0.110089	
投资项目的科学性	0.0026302	0.424582	
投资项目的新颖性	0.000497055	0.0802374	
投资项目的先进性	0.0017468	0.281979	●技术效益
投资项目的实用性	0.00132074	0.213201	
信息的完整性	0.00185522	0.157076	
信息的相关性	0.00187233	0.158524	
信息的客观性	0.00291869	0.247117	●信息质量
信息的可理解性	0.0029306	0.248125	
信息的正确性	0.00223414	0.189158	
信息的有用性	0.00852827	0.722063	
信息的实时性	0.00156026	0.132103	●信息效率
信息的及时性	0.00172244	0.145834	

续表

底层元素	结论值（全局权重）	同级权重	上级
信息安全保障措施	0.00551946	0.467316	•信息安全
信息安全保障能力	0.0037474	0.317281	
信息安全保障效果	0.00254412	0.215403	
管理体制满意度	0.00248405	0.332385	•社会评价
组织效率满意度	0.00245448	0.328428	
决策水平满意度	0.00178172	0.238408	
政府满意度	0.000753169	0.10078	
政治制度的连续性	0.00255529	0.113972	•国防安全
政治局势的可控性	0.0107761	0.48064	
社会稳定性	0.00908889	0.405388	

表 13 总排序的一致性

父级	一致性
•国有资本投资体制的多层次评价指标系统 A	0.0719631
•投资决策机制子系统 B1	0.0618783
•投资动力机制子系统 B2	0.0787637
•投资调控机制子系统 B3	0.0960201
•投资运行机制子系统 B4	0.06338
•投资信息机制子系统 B5	0.0770327

　　根据上述分析结果，可以得出各个指标对现行国有资本投资体制评估指标体系的重要性排序，并为评价工作提供参考。由分析结果可知，在影响国有资本投资体制评估指标体系的几个因素当中，投资决策机制子系统指标最为重要，投资动力机制子系统指标次之，然后是投资调控机制子系统指标，投资信息机制子系统指标对国资经营预算支出结构的影响最小。结果表明，投资决策机制位于国有资本投资体制的核心部位，在国有资本投资体制变革中起着关键作用。因此，现行的国有资本投资体制改革应当重点改革投资决策机制。它对国有资本投资体制的改革起到了"多米诺骨牌效应"。我国应当通过改革投资决策机制，对相互关联的体制进行改革。

第七章
投资体制的国际比较与借鉴价值

综观世界各国的投资体制，无论是由政府直接投资，还是以国有资本参股的形式参与投资，完善的制度建设是国有资本投资保值增值的关键因素。我国国有资本投资体制在惠及民生、产业升级及布局全球价值链等方面存在许多问题，与成熟的市场经济国家的投资制度相比还有较大的差距。因此，在确定我国国有资本投资体制改革路径之前，应该对国外比较成熟的市场投资体制进行比较分析，以得出不同的投资体制改革的经验。本章选取了设立国家控股公司代行国有资产出资者所有权的新加坡、通过国有投资基金来改革国有企业的波兰、作为北欧福利国家典型的挪威这三个具有代表性的国家，重点考察研究其投资模式的主要内容及特点，从而总结出有益的经验和教训。

第一节　国外投资体制的模式经验

投资活动作为国民经济运行全过程中最重要的环节，是国家宏观调控的重要组成部分，一直受到各个市场经济国家的重视。

一　新加坡模式

就投资效果而言，新加坡的国有企业管理模式应该是世界上最好的模式之一。国家建立控股公司，代表出资者行使所有权。新加坡设立了全国性的控股公司，切断了国家与企业之间的直接联系。国家控股公司作为独立的法人管理机构，负责管理国家拥有的股份，代表国家行使所有权。其主要职责包括：一是作为隔离和保护层，使企业避免不必要的政治干预，实现政企分离；二是实行所有权的专业化管理，如提供更有效的战略指导，实施完善的财务管理；三是协调国有企业政府管理的相关政策，防止部门间政策差异造成的矛盾；四是督促下属运营公司和企业执行政府专业部门的指示和决定，保护自身的利益不受侵犯。

（一）主要内容

要了解新加坡国有资本投资体制，首先必须了解国有资产的独特监管模式。新加坡是一个缺乏自然资源的小国，其基本生存本身也受到严峻的挑战。客观环境对国家领导人的各项政策产生了深刻的影响。因此，政府要求其国有企业最终实现自给自足，而不是依靠国家补贴或援助来生存。新加坡作为一个缺乏自然资源的国家，其生存和繁荣归功于人民和政府的努力。新加坡治理的一个关键原则是避免裙带关系和腐败。新加坡是在此历史背景下建立和发展的，并花了40多年逐步探索并形成了其独特的投资体制。如图1所示。

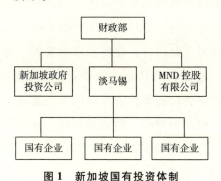

图1 新加坡国有投资体制

1.新加坡政府投资公司

1981年5月22日，新加坡政府根据《新加坡公司法》的规定，以有限责任公司的形式成立了新加坡政府投资公司（简称

"GIC")。新加坡政府投资公司的目的是代表新加坡政府管理新加坡的外汇储备。今天，它管理的资产已超过 1000 亿美元。它的全资股东是新加坡财政部。淡马锡和 GIC 有着明确的分工：前者负责管理新加坡的国有企业，以确保其国有资产的保值和增值，后者的使命是管理新加坡的外汇储备。确保国家外汇储备的保值增值。

2. 淡马锡控股公司

淡马锡控股公司成立于 1974 年，是由新加坡财政部投资司设立的公司，新加坡财政部拥有该公司 100% 的股份。它负责专门管理和运营与国有资本相关的各类企业的资本。淡马锡控股公司经过 40 多年的发展，已成为新加坡政府控股公司中规模最大的，也是新加坡政府全资拥有的知名度最高的投资公司之一。淡马锡控股成功的基础在于完善的公司治理结构以及健全的董事会制度。董事会代表政府通过产权投资直接或间接控制各类企业，投资的行业集中在物流、电力、电信、金融以及各类基础设施等领域。在新加坡国有资产监管体系的整体框架内，新加坡财政部不直接管理下属国有企业，而只是作为淡马锡的全资股东，仅通过行使股东权利来监督淡马锡的运作。与此同时，根据上述财政部和淡马锡的角色划分，淡马锡还负责财务部的运营业绩。淡马锡主要负责管理其下属国有企业的经营和发展，无须负担国家使命的政治包袱。它实行的是企业化经营，在考虑国家产业政策、国家利益的前提下，以商业价值导向作为决策成功的准则。淡马锡的经营主要以市场为导向、利润为目标，并以绩效评价作为最终的衡量标准，保证国有资本的保值增值。[①]

3. MND 控股有限公司

1976 年 3 月 16 日，新加坡政府根据新加坡公司法以有限责

---

① 李笑峰、王澎：《从淡马锡模式谈中国国有投资战略》,《产权导刊》2008 年第 2 期。

任公司的形式成立了另一家全资子公司，即 MND。其职能是代表新加坡政府持有其国有企业，其股东也是新加坡财政部。然而，有关 MND 的公开披露信息非常有限，本书将不深入讨论。从现有的有限信息来看，淡马锡在整个新加坡国有资产监管体系中的主导地位和核心地位高于 MND。

（二）基本特点

1. 国家资本主义

新加坡的投资体制亦被称为"国家资本主义"，即国家通过股权投资来控制企业，从而主导以私营经济为主的资本市场。

2. 不与民争利

新加坡的国有投资公司选择退出私营企业所在的行业、非国家战略性行业以及不需要政府主导的行业。以淡马锡为代表的国有投资公司通常选择进入不成熟、战略性或风险较高的领域，而一旦行业成熟到足以让私营企业参与竞争，国有投资公司就会退出该行业。

3. 政府干预程度低

新加坡政府投资公司的董事会必须对总统负责，并确保每笔投资的交易价格不背离公允的市场价值，从而实现国有资本保值和增值的目的。新加坡政府投资公司不经过总统的批准，不能动用存量的储备金用于未来年度运营预算的投资项目。新加坡政府投资公司的董事长必须每半年一次向总统核实储备财务报表的准确性。淡马锡董事会和管理层则负责决策对外投资活动，总统和政府不参与其决策过程。新加坡政府投资公司必须定期向财政部汇报财务报表。财政部定期审查新加坡政府投资公司的股利政策，寻求现金回报和再投资之间的最佳组合。

4. 在对外投资方面采取了积极的政策

新加坡在 1986 年抓住海外机遇，设立了海外投资机会库。1992 年，新加坡采取措施促进外商直接投资，并制定了 2000 年的区域经济一体化计划，鼓励当地企业对外投资。① 为了执行这一计划，政府专门设立了战略发展事务局。该事务局通过分析企业的对外投资潜力，帮助新加坡的国有企业识别项目机会，包括与投资项目建立联系、组团出国访问等。政府对企业进行直接金融支持与财政优惠。新加坡通过税收、金融优惠等综合手段扶持企业的对外直接投资，具体措施包括对对外投资企业豁免十年的海外业务发展所得税、其在发展中国家的投资可享受双重税收的优惠等。

二　波兰模式

（一）波兰模式的主要内容

波兰是国有企业私有化改造较为成功的国家之一，波兰的国有企业经过改造后维持较高的增长水平。波兰主要通过国有投资基金来改革国有资本投资体制，在不影响产权国家所有的基础上，使国有资本创造的财富为全民共享。在"二战"后，波兰实行社会主义制度，单一的社会主义计划经济不允许市场经济体制的存在。波兰政府采取了经济学上著名的"休克疗法"对国有企业进行私有化改造，应对严重的国内经济形势。1994 年 6 月，在充分吸取俄罗斯、捷克等东欧国家在国有企业私有化改革失败的经验教训的基础上，波兰国会在正式通过了《国家投资基金法》后成立了 15 家国有投资基金。波兰政府通过国有投资基金控股大中型国有企业，避免由于股权过于分散无法进行企业治理的问题；同时，在私有化的国有企业的股权设计方面，波兰政府都安排了一只控股 33% 以上的主权基金。这只主权基金与其他基金形成监督和制约的关系，从而避免了权力的滥用。波兰的国有投资基金公司在使政府对国有企业的控制力大幅降低的同时，对基金管理者的决策水平提出了很高的要求，进而避免了基金管理上的

① 潘伟光：《美国、韩国、新加坡促进企业对外投资政策及启示》，《计划与市场》2001 年第 1 期。

漏洞及腐败，最终促进了整个国民经济的发展。① 波兰通过成立国有投资基金，推动国有企业私有化进程的做法值得我国思考并借鉴。

（二）波兰模式的基本特点

相比其他国家的国有企业私有化的结果，波兰通过成立国家投资基金对国有企业进行私有化改革的模式，具有以下几个特点：第一，构建更为有高效的公司治理体制，避免国有企业私有化进程中出现管理者缺位以及大面积的腐败和权力寻租的现象。第二，通过国有投资基金之间的竞争充分制约基金管理者，形成相互监督的有效机制。第三，通过国家投资基金的运作，真正实现国有企业的发展成果被广大人民所共享。

三 挪威模式

作为北欧福利国家模式典型代表的挪威，兼具北欧模式的共性特征与其自身的个性特色。挪威之所以在经济中保持较高的国有企业成分，与其对社会发展所持有的价值观直接相关。挪威的投资体制强调平等、凝聚、高社会福利，保证全社会都能享受到相似的生活水平。这一价值体系不仅使挪威拥有较多国有企业，也使其国有企业具有较强的社会责任感，而不是单纯追求公司利润最大化。②

（一）挪威模式的主要内容

挪威的国有退休基金已经成为全球最大的主权基金之一。该基金严格制订了理性的投资计划，主要投资有利于未来发展的标

---

① George Blazyca, Ryszard Rapacki: *Poland into the New Millennum* ［M］. Edward Elgar, 2001: 146 – 148.
② 张慧君：《北欧福利国家向何处去：挪威经验及启示》，《科学社会主义》2011 年第 4 期。

的物，将消费比例控制在基金总额的 4% 之内。此外，挪威模式还有两个方面的优异特色，即国有企业在挪威经济中的高占比和挪威对社会发展与公正持有的价值观。自 1970 年北海油田的开采给挪威带来可观的财政收入，挪威成立了主权基金，将由资源获取的财富用于理性投资，用于全民共享。挪威通过主权基金抄底金融海啸后的股市，在使政府享受财政盈余的同时，也使其国家和人民的财富剧增。挪威的主权基金对投资设定了严格的社会责任要求，建立了专门的投资审查部门，禁止投资破坏生态环境、生产核武器、生化武器及烟草的企业。

挪威的国有企业没有受到英国撒切尔主义私有化潮流的影响，采取独特的方法解决了国有企业低效的问题。国家通过取消对国有企业的补贴增加国有企业的责任感，倒逼国有企业直面全球化的竞争，并通过竞争引进私营企业的现代优良管理制度，改造传统落后的国有企业管理体制。此外，挪威的国有企业在价值观上强调高社会福利，具有较强的社会责任感，不单纯追求公司的利润最大化，目的是要保证全民享受到较高的生活水平。

（二）挪威模式的基本特点

挪威的发展模式经过金融海啸的考验，具有独特的优越性。挪威建立了主权投资基金，利用本国不可再生的资源带来的财富用于理性的长期投资，使财富由全体人民共享。挪威模式的经验表明，理性的投资虽然不能在短期得到较高的回报，但能得到长期的高利润回报。

第二节　中外投资体制的比较

一　投资主体的差异：政府主导与市场主导

首先，在中外投资主体定位上，二者存在明显的差异。由于经济体制的缺陷，我国对投资主体的定位长期处于模糊的状态。公有制条件下产权关系的复杂性和模糊性，投资主体定位缺乏完整的意识，导致无人担责的现象屡见不鲜。这为国有资产投资损失埋下了重大隐患，容易造成投资决策权和管理权过于集中或过于分散。投资主体的"缺位""叠位"的现象不利于形成真正的投资主体。西方学术界普遍认为，投资主体是指在投资活动中拥有资金来源和融资能力，享有独立决策权，在占有和支配投资利益的同时，承担投资风险责任的自然人或法人。

其次，我国的投资主体结构与发达国家存在明显的差异。由于我国特殊的经济体制，国家是最重要的投资主体。随着社会主义市场经济体制的改革，国有企业作为重要的投资主体，投资的自主权有了显著的提高。但由于长期运行中传统体制的惯性，政府在投资的宏观和微观决策上仍起着主导作用。政府作为重要的投资主体进入大量的竞争性投资领域，占领了企业的投资份额。而在发达国家的市场经济体制下，政府作为投资主体只有有限的投资范围，市场主导大量的社会投资活动，这与中国的现状正好形成鲜明的对比。

二　政府作用的不同：政府干预与政府调控

我国和其他国家投资体制的历史变迁相比，政府的作用是非常明显的，同时也存在较大的区别。中国政府作为社会主义公有制的代表，长期以来对国有经济的经营决策和利益风险承担最终的责任。改革开放以来，我国把"政企分开"作为改革的重点，但由于历史的原因至今仍未发生实质性的转变。政府在国有企业的投资活动中发挥着举足轻重的作用，始终直接领导着投资体制改革。政府根据自身利益统一设计具体的改革计划及实施步骤，通过直接命令推动主要围绕中央与地方、各部门之间的"制度循环"的改革。而在发达国家的投资体制中，政府仅承担公共事业的投资管理职能，并不承担特定投资活动的管理决策职能，对任何私人投资的风险不承担终极责任。政府在改革创新投资体制中，只需要使用积极引导的方式，不会被既得利益集团卷入制度创新的矛盾中。因此，在发达国家的经济体制中，政府间接影响企业的投资活动，并不向投资主体直接下达统一指令，而通过利率、汇率、税收等工具来改变市场价格，进而影响投资决策。

三　管理模式不同：两级体制与三级体制

在世界范围内，政府对国有企业主要有两种管理模式：一种是国家设立主管部门直接行使所有权的两级国有企业管理模式，代表国家有法国、德国。在国有企业数量较少的国家，对公益属性较强和资源垄断部门中的国有企业，一般采用这种体制。另一种是成立国家控股公司代表出资者行使权利的三级国有企业管理模式，代表国家有新加坡。这种模式的特点是政府不直接管理国有企业，而是在政府与许多国有企业之间建立国有控股公司。控股公司拥有国有企业的股权，代表国家行使股东权利。在国有企业较多且分布领域较广的市场经济国家，对于竞争性领域的国有资产，政府通常采用国有控股公司的制度。而在我国的国情下，中央政府和地方政府管理着数量庞大、分布在各行各业的具有竞争属性、公益属性、垄断属性等类型的国有企业。国有企业数量庞大，产权形式多样，较适合建立国家控股公司代行出资者权利的三级国有企业管理模式。

四　评价机制不同：政府评价与公众评价

与发达国家公众参与的民主评价机制不同，我国的国有企业不拥有完全独立自主的投资决策权。国有企业的投资项目需要通过上级有关部门的层层审批才能实施。上级管理部门虽然可以对项目做出评价，但与自己的经济利益没有直接关系。决策者往往不能从投资成功中收获多少利益，投资失败也无从追究其责任。因此，投资评价成为一种利益无关的评价，投资机会对决策者无法产生强烈的激励。因此，决策者的兴趣容易被隐藏着高风险的高收益项目所吸引。我国的国有资本投资体制评价往往是由利益无关者做出的外部评价，主要表现为上级管理部门在很大程度上决定下级部门的投资决策选择。

第三节 国外投资体制改革对我国国有资本投资体制改革的借鉴价值

中外投资体制的社会基础与文化基础不同，但随着社会主义市场经济体制在中国的建立，市场成为资源配置的基础手段。因此，适当吸收与借鉴国外投资体制的可取之处，是推进我国国有资本投资体制改革的必然要求。

一 构建由多元主体参与的市场主导型投资体制

在市场经济国家，政府投资份额在全社会投资中一般只占一小部分，而私营企业和私人的投资额一般占到全社会投资总额的绝大部分。因此，我国的投资主体应当为政府、企业和居民三大市场主体。政府作为投资主体应当仅有有限的投资范围，而由企业和居民主导市场投资活动。近年来，中国从计划经济时代的单一投资主体转变为多元化投资主体。随着经济的快速发展，企业作为投资主体的地位不断加强。但是，由于对计划经济时代投资体制的路径依赖，政府在国有企业的投资决策中依然起着主导作用。政府作为投资主体经常进入竞争性投资领域，造成企业与政府的投资比重严重失调。因此，在进一步深化投资体制改革过程中，我们需要借鉴国外健全的投资体制改革经验，优化投资结构，提高投资效益，将政府投资主要用于国家安全和市场尚未能够有效分配资源的领域，减少对企业经营活动的直接干预；确立企业的投资主体地位，使企业成为社会再生产最主要的投资主体，更好地发挥市场配置资源的基础作用。

二 投资决策过程要重视社会参与

发达国家政府投资项目的决策过程都非常重视公民参与，社会公众已成为政府决策过程的重要主体，公民参与是公众介入公共事务的一种基本方式。我国要将社会公众的意见和建议吸纳到政府投资决策过程中来，使决策的制定能够最大限度地代表广大人民的利益。政府投资决策过程的公开化和民主化，有利于降低决策风险，提高决策的政治支持度，更有利于公共利益的实现。

三 积极推进公共供给体制改革

发达国家投资体制改革的历史实质上是市场机制和行政机制相互竞争的历史，其改革表明市场机制适用于竞争性领域，行政机制应专注于市场机制缺位的领域。在私有化过程中，发达国家通过政府撤资的方式，使政府投资逐步退出了竞争性领域，而将投资重点集中在最基本的公共服务领域，如教育、卫生医疗、福利保障等领域，有效地发挥了政府投资的公益性，最大限度地使社会公众从中受益。这对我国投资体制改革的启示是，政府投资应逐步系统地退出竞争性领域，而将投资的重点集中在关乎国计民生的基本公共服务领域。只有这样，才能最大限度地体现政府投资的公共性。我国应当积极探讨公共服务供给的新模式，打破公共服务供给的政府垄断模式，引导私人部门和第三部门进入公共服务供给领域，发展其成为公共服务供给的重要主体。国家应当在公共服务领域逐步形成多元主体并存的局面，提高公共服务的效率和质量，更好地满足社会的公共服务需求。

四 完善对外投资支持体系的建设

国家要积极完善对外投资支持体系的建设。第一，国家要通过设立国际开发署和联合成立国际组织，负责对对外投资企业的援助工作。第二，国家要积极制定金融支持等相关政策，为对外投资企业提供足够的金融支持，并通过银行为本国对外投资企业提供优惠贷款。第三，国家要制定相应的投资税收支持制度。国家要建立针对对外投资企业的投资风险准备金制度，以及延迟其纳税的时间表；帮助亏损企业获得准备金补偿，降低企业的破产风险。第四，国家要提供相应的信息咨询服务。国家要设立为对外投资企业服务的专门组织，通过政府平台与前期调研为对外投资提供企业信息、研究和咨询；并设立市场化的海外私人投资公司，为企业提供海外投资情报和咨询服务。此外，中国应加强与世界各国的双边投资谈判，为企业对外投资提供信息咨询服务。①

---

① 王衍飞、张红霞：《当前中国对外投资战略的国际比较——中美日三国对比研究》，《河南社会科学》2017 年第 5 期。

第八章
国有资本投资体制深化改革的
基本目标与总体思路

我国国有资本投资体制的深化改革不能凭空想象，需要从我国现阶段的具体国情出发，通过深化改革和扩大开放，最终建立起投资决策健全化、投资主体人格化、投资运行法制化、宏观调控有效化、投资信息平台科学化的新型投资体制。

第一节　国有资本投资体制深化改革的基本目标

投资体制改革要解决的根本问题是提升体制的效率。这不仅体现在提高资金的使用效率方面，而且体现在优化投资的结构方面；不仅体现为充分把握投资的安全性，更体现为投资方向的精准度；不仅体现为引导投资投向新兴产业，更体现为有效防范风险。解决投资体制的创新问题，不能仅仅局限在饮鸩止渴的短期政策上，要结合结构性改革构建长远方案。从系统论的角度出发，我国国有资本投资体制改革的目标具体如下。

一　健全的投资决策机制

近年来，我国不断深化改革行政体制。随着投资审批和监管的进一步逐步规范，政府对投资决策主体的干预行为将越来越少，更多关注建设良好的投资环境及培育公共事业方面。投资决策在国有资本投资体制的深化改革中起着举足轻重的作用。投资决策失误是造成企业资金浪费、影响投资效益的最重要原因。因此，改革和完善投资决策机制，是建立科学合理的国有资本投资体制的重要内容之一。我国应当提高投资决策的科学化、民主化水平，建立健全投资决策机制。

二　投资主体的人格化

市场经济要求投资主体必须是独立自主、充分享有投资权利并承担投资风险的法人或自然人，投资产权必须有人格化代表。在我国现阶段的多元经济成分中，民营经济基本上都能满足上述产权要求的基本条件，然而，现行的国有企业的产权关系难以适应市场经济体制的要求。因此，我国必须按照市场经济的原则改革现行的国有企业产权结构，重新界定国有企业产权，使国有企业成为真正的市场投资主体。只有如此，才能为社会主义市场经济条件下形成投资制度要求的产权关系奠定基础。投资主体人格化是市场经济发展的宏观要求和重要标志。因此，重构我国的国有资本投资主体要按照"谁投资、谁决策、谁收益、谁承担风险"的原则，建立相应的投资激励机制和风险约束机制，充分落实企业投资自主权。

三　完善的宏观调控体系

社会主义市场经济与西方资本主义市场经济有着根本的制度差异，其调控目的、调控手段和方法也不尽相同。我们扬弃过去几十年计划体制的弊端，也要发扬多年积累的计划调节的成功经验。国家要加强对市场的宏观监控和预测，通过法律的形式规范我国的宏观调控手段，进而保障投资运行的科学性与规范性。发达的市场经济国家的投资实践在如何规范投资运作、增强投资的科学管理方面提供了很多有益的启迪，我国应当加强这方面的研究。优化投资结构是宏观调控的重要组成部分，国家对投资结构的宏观调控重点主要是优化投资的产业结构和区域布局。此外，国家应当不断创新与优化调控方式和手段，进而完善投资宏观调控体系。

四　法制化的投资运行机制

经过 40 余年的改革，我国投资体制的市场化趋势已经不可逆转，并且随着社会主义市场经济体制的不断完善，投资体制的市场化取向也将进一步深入发展。这种趋势一方面表现为投资项目管理过程中投资的法制化约束将增强，法制化的调控手段将成为约束不同利益主体的重要手段。投资管理法治化是确保投资运行科学合理的制度条件。我国应当科学地修改现行投资管理法律法规和规范性文件，在加强监管稳定性的同时，加快投资领域的立法进程，积极推动投资领域急需的法律法规的立法工作，确保投资管控有法可依。此外，国家要制定标准化、统一的法律框架，促进投资机会均等。

五　科学的投资信息服务平台

国家应当建立科学的纵横交错的投资信息服务平台。在传统的投资信息服务平台中，信息孤岛现象普遍存在，难以保证信息交流的及时性和真实性。区块链技术是一种去中心化的高信任度分布式数据技术，具有可溯源、信息无法篡改等特点，能够有效化解当前投资信息联动性不高的难题。构建以区块链技术为核心的新型投资信息服务平台，能够有效连接国有企业、金融机构及政府监管部门，促使各方面的信息流多流合一，从而打破"信息孤岛"、实现投资信息服务平台的科学性。

第二节　国有资本投资体制改革的总体框架

本节用系统论的方法分析我国的国有资本投资体制。国有资本投资体制是一个承载投资运行的完整系统，它包括五个互相关联、互相制约的机制，即投资决策机制、投资动力机制、投资信息机制、投资调控机制及投资运行机制。国有资本投资体制内部的各个机制都有其独特的结构与功能。投资运行的起点要靠投资者根据经济利益的驱动和相关的信息做出投资决策，投资运行的过程要受调控系统的管控，投资运行的良性结果是经济利益的增值。根据国有资本投资体制系统，科学合理地设计国有资本投资体制深化改革的总体框架，可对提高国有资本投资的配置效率、完善其制度建设起到关键性的作用。

一 国有资本投资体制的系统构造机理阐释

（一）投资决策机制

投资决策机制位于整个国有资本投资体制的核心位置，负责对各种投资行为进行决策和判断。在我国市场经济体制的背景下，各个投资主体的决策都是根据一定的投资信息，受到经济利益的驱动做出的。不同投资决策机制的区别主要表现在决策主体的权限划分和决策方式方面。合理的投资决策机制要求投资决策主体在享有决策权的同时，也要承担相应的决策风险和责任。

（二）投资动力机制

投资动力机制作为整个投资体制运行的启动系统，是由某种产权关系决定的利益分配结构组成的。不同的利益分配结构使投资体制的动力机制有所区别。因此，利益分配结构的合理性直接决定着投资体制动力机制的有效性，不仅在很大程度上决定了投资方向和投资结构，更是投资的重要推动力。高效的动力机制能够保障投资体制的正常运转，并提高市场配置资源的效率。

（三）投资调控机制

投资调控机制作为整个国有资本投资体制的调节和控制系统，其基本功能是调节、控制投资活动，通过纠正微观投资者偏离宏观目标的行为，实现投资体系的正常运行。国家一般通过综合使用经济杠杆、行政手段、法律手段等调控方式，保障投资体制的正常运行。

（四）投资运行机制

投资运行机制是整个国有资本投资体制的工作系统，其基本功能是为投资运行提供正常的轨道。完善的投资运行机制不仅为投资流量的进出提供畅通的渠道，同时为存量投资提供足够的调整余地。投资体制的合理性决定了投资运行机制的效率。

（五）投资信息机制

投资信息机制是整个国有资本投资体制的情报系统。它主要负责收集、处理及传导投资信息，全面掌握全部投资动态。完善的投资信息机制既包括从中央到地方的纵向信息流，也包括企业之间的横向信息流。高效的投资信息机制能够为投资主体提供实时、准确、有价值的相关信息。完善的投资信息机制有助于政府做出正确的投资决策、制定合理的投资战略，也有助于各个投资主体做出科学的投资决策。[1]

通过剖析国有资本投资体制内部的各个机制，我们发现投资体制内部的各个机制之间在相互独立的同时，又是相互联系、相互制约的。国有资本投资体制的整体结构如图 1 所示。

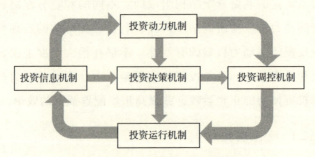

图 1　国有资本投资体制的系统构造

---

[1]　王国文：《投资体制的构造机理新探——兼论我国投资体制改革的目标模式》，《探索与争鸣》1992 年第 6 期。

从图 1 可以看出，投资决策机制是整个国有资本投资体制的核心系统。但它要被投资动力机制所驱动，同时也要依靠投资信息机制提供投资决策所必需的信息。投资决策机制所做出的决策包括投资运行和投资调控两方面的内容。而投资动力机制为投资调控机制及投资运行机制提供必要的动力。投资活动的运行可通过改变投资领域的现状，为投资信息机制提供新的信息。投资信息机制除了为投资决策机制提供必要的信息，还为投资动力机制、投资调控机制提供其运转所必需的信息能量。此外，投资动力机制为投资运行机制提供第一推动力。总之，国有资本投资体制的正常运转要依靠其内部的各个分机制相互协调、配合。

二　基于系统构造机理设计的国有资本投资体制改革总体框架

在国有资本投资体制的历史变迁过程中，投资决策机制在国有资本投资体制变革中始终起着关键作用，而且随着从计划经济向市场经济的演变，投资决策机制对国有资本投资体制变革的影响也不断扩大。投资决策机制作为国有资本投资体制系统的核心部位，对国有资本投资体制的改革能起到牵一发而动全身的效应。因此，通过改革在制度中位于最核心部位的制度结构，从而对相互关联的体制结构进行改革，是国有资本投资体制深化改革的关键。解决我国现有的国有资本投资体制问题不能局限在短期政策上，也不能采用单一的简政放权的宏观调控手段，而忽视了重构投资主体、激励动力、信息传递效率等市场机制和功能的重要性。本书认为，只有根据我国国有资本投资体制的深化改革目标，科学建立国有资本投资体制深化改革的总体框架，并动态评估国有资本投资体制的运行效率，对国有资本投资体制改革存在的新问题做出相应的策略调整，才能确保我国国有资本投资体制的深化改革取得成功。

未来几年，中国将进入成熟的社会主义市场经济体制的新阶段，我国应当从理论上、实践上认真总结经验教训，从制度创新的高度谋划改革方略和路径，注重顶层设计和推进，突出国有资本投资体制改革的整体性，推动改革的多层次协调配套。基于上述分析，本章根据深化改革目标运用系统论方法设计的国有资本投资体制改革的总体框架如图2所示。

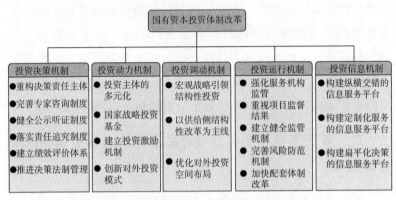

图2　国有资本投资体制改革的总体框架

　　国有资本投资体制的深化改革必须兼顾政治、社会、文化等诸多方面的要求，进行战略顶层设计、重点突破及策略调整。国有资本投资体制的改革重点在重构投资体制的运载系统，包括投资决策、投资动力、投资运行、投资调控、投资信息五个维度的系统建设、转型升级。其中，投资决策机制的改革是国有资本投资体制改革的核心，投资动力机制改革是国有资本投资体制改革的重要前提，投资调控机制、投资运行机制改革是国有资本投资体制深化改革顺利进行的重要保障，投资信息机制改革是国有资本投资体制改革的重要支撑。国有资本投资体制改革应确立以高效率、高精度、高安全性为核心价值的投资导向，引导资本进入实体经济和创新领域。

　　此外，国有资本投资体制的深化改革要进行全盘战略筹划。从横向看，投资决策机制、投资动力机制、投资调控机制、投资运行机制、投资信息机制五大体系的建设均涉及深化改革，每一项都不容疏忽。从每个分机制的纵向看，法规、组织、财政、金融、评估等每一方面都要建立健全。从国有资本投资体制的整体角度来看，改革涉及的垂直环节和水平环节必须相互联系。因此，国家要重点通过投资信息平台打通横向纵向的各个环节，使各项分机制成为资源精准配置的载体。

第三节　国有资本投资体制改革的原则

一　正确处理宏观调控机制与市场机制的关系

我国在过去的投资体制改革中没能处理好宏观调控机制与市场机制这两者的关系，强调放权搞活，而忽略了宏观调控的综合平衡作用，不仅使全社会固定资产投资计划失去了控制，也使作为指令性计划的全民所有制基本建设投资计划，不是被随意突破就是完不成计划指标。当前，我国应当从全国一盘棋考虑，通过宏观调控把资源投到最有利于国民经济发展的薄弱环节上。今后改革的方向，应是寻求统一的市场依托与宏观调控的有机结合。因而，新的投资体制运行的特点应是，经营性投资的主体在利益机制的驱动下，依据市场信号和国家产业政策，自主地对其投资的方向、规模、结构等进行决策；资本要素通过市场竞争向高效益项目集中；政府根据国家经济发展的战略目标，依循经济运行规律，利用掌握的经济实力和管理经济的职能，采取灵活多样的形式，对市场供求关系的变动施加影响，有目的地调整市场"信号"，引导投资主体将自身利益与国民经济发展的客观要求协调统一起来。此外，国有资本投资必须服从国家的长期战略规划和产业政策。国家对投资活动的管理必须符合经济发展的要求，将宏观调控和市场机制整合起来。为此，我国要积极建立新型的宏观投资调控体系，完善以经济手段为主，法律、行政手段相结合的宏观调控体系。

二 投资体制改革要和经济体制改革协调配套

国有资本投资体制深化改革目标的实现要受到外部环境的制约。因此，投资体制改革必须与整个经济体制改革相互协调，其实质就是要实现投资调控手段的多样化。根据国家产业政策的要求，国家要对金融、财政、流通、外贸等体制进行综合调整，并采用适当的行政措施，通过调节投资存量与流量、优化投资结构确保投资效益。此外，国家应当继续完善产业政策引导体系，强调产业政策对优化投资结构的重要导向作用；要尽快制定出以产业政策为核心的，包括财政、投资、金融、消费等政策在内的宏观经济政策体系；积极推进国企改革，不断调整资产存量结构。

三 坚持"宏观经济要稳，微观经济要活"的原则

从我国国有资本投资体制的历史变迁来看，我国过去由于片面强调微观经济要活，过多过快地下放了投资决策权，甚至在某些政策问题上鼓励微观经济任意跨越宏观经济的警戒线，忽略了宏观经济要稳，其结果是屡屡发生宏观失控的现象，造成了固定资产的投资规模膨胀。我国在投资体制变迁历史上出现的能源、原材料工业和加工工业发展的不平衡、不协调，就是宏观经济不稳的突出表现，其主要原因是片面强调下放投资决策权。因此，我国国有资本投资经济体制深化改革必须坚持"宏观经济要稳，微观经济要活"的原则，要把微观搞活和宏观管理结合起来，使国有资本投资体制走上新轨道。

第四节 国有资本投资体制改革的步骤

学术界普遍认为，市场化是我国深化投资体制改革的方向，但这并不是短期就能实现的，需要经过相当长的一段时间才能达到。因此，实现国有资本投资体制改革不可能一步到位。国家应

当在明确深化改革目标的前提下，分阶段分步骤地推进改革。国有资本投资体制改革是一项涉及面广、难度大、复杂度高的系统工程。因此，国有资本投资体制改革不仅取决于自身改革的进程，还会受到财政、金融、价格等体制改革的制约，取决于整个经济领域改革的相互衔接配套措施和整体推进的历史进程。为此，国有资本投资体制改革应当根据客观的经济条件和改革的内在逻辑，分阶段逐步实现。其具体构想如下。

一　前期阶段：清理整顿、创造环境

一是国家要组织研究、制定和论证投资体制深化改革的总体方案及有效的投资决策体系，为实现投资体制的深化改革做好准备工作；二是国家要重点理顺投资体制领域各个投资主体的权责利关系，针对当前投资管理中存在的主要问题，有效改善投资领域的调控及运行机制；三是国家要协调财政、金融、国有企业体制的改革，有效理顺企业与国家之间的利益分配和投资关系，为下一阶段深化国有资本投资体制改革奠定合理的微观运行基础；四是国家要进一步建立健全资本市场，合理制定各种投资税率，健全投资信息网络，为深化投资体制改革创造良好的外部环境。

二　中期阶段：强化调控、集中攻坚

国家在这一阶段的任务是集中精力攻克国有资本投资体制改革进程中的难点，切实实行国有资本投资体制的深层配套改革。第一，国家在总结以往重大改革措施经验教训的基础上，应当及时修正和完善这些重大改革措施，通过联动改革，建立与社会主义市场经济相适应的国有资本投资体制；第二，国家要健全宏观调控体系，充分发挥价格、税收、投资政策等多种经济参数的联动调控作用；第三，国家要健全相关法规体系，充分发挥法律在组织、协调、管理和监督投资活动中的作用；第四，国家要实行投资体制总体改革方案和各专项改革方案的配套联动推进，充分发挥国有资本投资体制改革的配套效益。

三　后期阶段：巩固完善，充实提高

这一时期，国有资本投资体制改革已经消除了深层痼疾，取得了突破性的进展，日趋稳定。在改革的后期阶段，国家的重点应当集中于修正和完善前两个阶段所必然产生的各种新问题、新矛盾，在不断调整改进中巩固改革的成果。

第九章
国有资本投资体制的深化改革路径

　　我国国有资本投资体制改革是一项复杂而艰巨的系统工程，需要经过较长时间的不断努力。本章运用系统论的方法，从投资决策机制、投资动力机制、投资调控机制、投资运行机制及投资信息机制五个维度解析国有资本投资体制的深化改革路径。第一节主要从完善投资决策机制的角度出发，提出要切实提高投资决策管理水平；第二节围绕提高投资动力机制的运作效率展开分析，提出要重塑投资增长动力机制。第三节则从优化投资调控机制的层面，提出要配合供给侧结构性改革优化投资布局的观点。第四节、第五节主要从保障投资运行机制的角度，提出要切实加强投资监管及风险防范机制建设，推进配套体制改革。第六节从完善投资信息机制的视角，对投资信息服务平台改革提出了相应的制度建议。

第一节　切实提高投资决策管理水平

　　提升投资决策管理水平是国有资本投资体制改革的核心，对国有资本投资体制变革起着关键作用。现行的国有资本投资体制改革应当重视提高投资决策管理水平，通过完善国有资本的投资决策机制，对关联的制度结构进行连锁改革，发挥"多米诺骨牌效应"。

一　重构民主、高效的决策责任主体

首先，要结合当前的国有企业改革，提高投资主体的决策效率和质量。首先，大型国有企业需要在组织内部实行机构改革，减少中间管理层，使信息指令能够高效传达。其次，国家要严格区别投资决策的调控主体与投资主体，应当积极调动监察机关、审计部门、司法机构等外部机构的力量，构建能对投资行为进行合理管束的监督机制。最后，国家要健全完善企业重大投资项目的稽察制度，根据考核结果实施奖惩，为考核管理层提供依据，激励企业内部各部门提高效率。

其次，规范决策主体的权限范围。随着我国国有企业的深化改革，国有资本投资体制呈现出投资主体多元化、资金募集方式市场化、投资渠道多样化的趋势。因此，我国应当弱化政府在竞争性行业领域的投资功能。政府的投资宏观调控应当以积极引导投资方向、优化投资结构、促进国民经济持续健康发展为主要目标。政府的主要职能部门要根据投资宏观调控的目标，综合运用间接调控方式有效调节投资活动。只有在市场主体无法承担投资项目的前提条件下，政府才能以自身为投资主体进行投资建设。

最后，改革陈旧落后的投资决策方式。重大投资项目的决策应该贯彻民主的原则。国有企业在涉及动用大笔预算资金的重大建设项目决策方面，应当在集合各部门意见的基础上共同讨论和决定；在项目决策阶段，企业要明晰内部各个部门的职能，形成多层次合理的决策和执行体系。项目决策后，各个部门要确保决策得到严格有效执行；各个部门要在分工明确的前提下向顶层领导汇报工作；顶层决策者和各部门负责人要共同承担决策的风险责任，形成互相制衡、责任明确的决策结构。

二　完善投资项目的专家咨询制度

首先，保证决策的民主性。针对当前投资决策中存在的问题，国家应当建立专家库，吸收社会上各个专业领域的专家参与投资项目的决策环节，并适当借鉴国外的经验成立投资决策委员会。此外，参与具体投资项目审查及决策的专家成员应当以随机抽签的方式确定，用无记名投票方式确保投资决策的民主性、科学性。

其次，确保参与投资决策的专家保持独立性。政府应通过公开专家参与决策的信息，加强对专家决策行为的监督，使专家处于公众的监督之下。这就要求健全完善专家咨询和管理机制。投资决策中涉及的文件和记录都应联网以便于公众查阅，有效抑制利益结盟的情形。同时，政府还应当利用公示制度，充分听取公众的意见。

最后，聘请有正规资质的中介机构进行可行性分析和咨询评估。咨询机构提供评估报告要承担相应的经济、法律责任。同时，国家要立法建立相关的专家咨询制度，通过明确专家在投资决策中的角色，保障专家的话语权和独立性。此外，我国要强化决策部门对专家意见的回复机制，形成专家与决策者之间的制衡结构。

三　健全投资项目的公示与听证制度

国家应当建立健全公示制度，通过给予公众参与表达意见的机会，为投资决策的合法性及公正性提供必要的外部监督力量，也为公共利益的均衡奠定牢固的基础。国家对政府投资项目实施听证制度，其目的是通过严格监督投资项目，避免出现重大的投资决策失误；同时，通过协调涉及公共决策的各方面利益，能够找出决策隐藏的问题，避免投资后期出现管理各方发生纷争的现象，并能确保投资决策的科学性和可靠性。政府应及时公布公共投资项目的政策法规和项目的具体信息，在充分听取公众意见的基础上修改和完善相关政策和项目决策机制，增进公众在公共投资项目上的知情权及决策参与权。此外，政府应当大力发展电子政务，鼓励公民在网上或其他媒体上进行充分讨论交流，应当把民主议事、民主监督同政府的公共投资项目管理紧密结合，真正有效保证公众民主地参与活动。

四 落实投资项目的责任追究制度

投资项目的责任追究制度是完善我国国有资产监管、落实国有资本保值增值责任、防止国有资产流失的重要制度安排，也是改进政府投资项目管理的有效手段。国家可以通过有关法律法规发挥投资决策的均衡作用，规范和约束投资决策行为，通过强化决策者责任感提高决策效率。[①] 国家积极落实投资项目的责任追究制度要从以下几方面入手。

首先要加强责任追究机制建设，构建约束有效的投资责任追究体制。 在国有企业内部，要加强对投资决策责任追究的统一领导，强化决策者的主体责任。国家要明确相关监管部门的职责，并出台具有可操作性的责任追究办法。

其次，要确定责任追究范围，公正合理地处理相关责任人。 国家要根据具体情况通过绩效考核、职务任免、纪律处分、移送司法机关等各种手段追究责任。同时，国家还应加大对领导层的责任追究力度，通过加强负责人的决策责任意识，提高其依法决策、科学决策和民主决策的能力，促进决策层规范决策行为，防范投资决策风险。

最后，要加强对企业重要战略决策的审核把关，严格论证投资决策，预防国有资产损失。 管理层要仔细甄别评估潜在的投资风险，合理评价自身是否具有相应的项目运营管理及风险防控等能力，并在此基础上进行科学决策。

五 建立投资项目的绩效评价体系

构建投资绩效评价体系有助于社会公众对相关部门实行有效

---

① 于柯夫：《建立政府投资重大项目法律顾问制度》，《宏观经济管理》2014 年第 8 期。

监督，促进投资项目资金得到合理有效的使用，促使相关投资项目的预期效果满足公共利益。该制度通过对政府权力的制约，可避免决策不科学或失误造成的投资失效等问题。因此，企业要把权、责、利紧密结合起来，建立起科学有效的考核评价激励机制，使国有企业领导者在承担责任的同时，也能够取得合法正当的利益，从而建立持续发展的长效机制。建立投资项目绩效评价体系具体应做好以下几方面。

首先，要构建科学的绩效评价指标体系。科学的绩效评价指标体系的构建要充分考虑指标与评价标准的直接对应关系，即要根据不同的评价对象选择相应的评价标准；同时，要根据经济形势的变化适时进行相应的调整。

其次，要加强立法制度的建设。国家要通过强化法制建设，增强对绩效评价的约束力，为投资项目绩效评价体系提供法律保障；尽快研究制定统一规范的投资项目绩效评价规章制度，提升投资项目绩效评价体系的法律权威，使绩效评价工作实现制度化和规范化。

最后，要从多个层次积极推进绩效评价活动。国家要继续完善对项目预算单位、财政部门、监督机构、审计部门及社会中介机构等各个组织在投资项目绩效评价工作中的职能划分的制度建设，从多个角度推动投资项目的绩效评价活动。

六 推进投资决策管理的法治化水平

投资决策管理的法治化水平是确保投资活动公平有序运行的制度条件。我国推进投资决策管理的法制化进程，应当注重以下几个方面。

（一）通过建立有法律效力的"负面清单"来确定政府和市场的合理边界

目前，遍布全球的中国产品是"中国制造"，而不是"中国创造"。产生这种现象的原因在于正面清单的治理模式严重制约了创新。负面清单模式有利于降低市场主体创新的风险。负面清单模式是通过市场机制发挥主导性作用，划定市场行为和政府行为之间的界限。市场主体的投资在"负面清单"外无须政府机构的审批和干预，享有经营自由。负面清单的修改应遵循严格的法律程序，事后不得由行政机关任意修改，有助于降低市场主体创新的风险。在我国社会转型过程中，加快完善现代市场体系的关键是通过建立"负面清单"管理模式，简化政府和下放权力，转变政府职能，激活市场主体活力。

（二）科学立法、严格执法、创新执法

首先，国家要按照放管结合的要求，科学修改现行的与投资管理相关的法律法规和规范性文件。在加强法律法规稳定性的同时，国家要加快投资领域的立法进程，积极推动投资领域急需的法律法规的立法工作，确保投资管理有法可依；要制定标准化、健全统一的法律框架，促进投资机会均等。其次是严格执法。国家要切实加强对违反投资管理的相关法律、法规行为的执法力度；积极探索构建相关利益方的表达机制，切实维护相关利益方的合法权益。① 最后是创新执法。国家要建立联合执法机制，解决当前不同部门存在的多头执法、权责交叉的问题，进一步提高执法效率。

（三）应当根据调节性投资和营利性投资的不同情况做出差异化的法制处理

调节性投资和营利性投资虽然投资主体都是国家，但它们是处于不同法域的两种行为，前者侧重公法领域，后者侧重私法领域，应当经由不同的法律体系进行规范。国家投资经营的立法体

---

① 李国义：《深化民间投资体制改革》，《中国金融》2013 年第 2 期。

系混乱的根源就在于对国家投资经营本身没有进行深度划分，将所有性质的投资经营混为一谈。如果对调节性投资和营利性投资的划分能够被接受，那么就必然要相应地在国家投资经营的立法模式上进行差异化改革。

（四）健全投资法律服务体系

法律服务是投资软环境的重要组成部分，属于法律环境的内容。投资者对法律环境的评价往往与法律服务的地位有关。为了实现经济的快速发展，中国必须着力改善法律环境，提高法律服务水平。因此，研究当前的法律服务市场及相应的完善对策，具有重要的现实意义。投资所产生的各类经济行为均需有效的法律保障，社会法律服务体系是投资法律保障体系的基础。

第二节　重塑投资增长动力机制

投资动力机制是整个国有资本投资体制运行的启动系统。科学的投资动力机制能够保证投资的正常运行，并提高资源配置效率。投资动力机制不仅是国民经济的第一推动力，而且对国有资本投资体制的深化改革至关重要。当前，我国还存在国有资本投资效率不高的问题，因此，重塑投资动力机制显得尤为重要。

一　促进国有资本投资主体的多元化发展

投资体制改革的一个重要组成部分是把经济运行的载体从政府转变为市场。混合所有制改革在解决国有资本投资主体问题的同时，提升了国有资本的投资效率，助力了投资体制的改革。从微观角度看，混合所有制改革有助于缓解投资的软预算约束，提高国有资本的投资能力。从宏观层面分析，发展混合所有制经济有利于促进市场公平，优化产业结构，增强国有企业投资的竞争力，推动投资体制改革。因此，应当积极推进混合所有制改革，促进国有资本投资主体的多元化发展。

二 建立国家战略投资基金体系

国有资本的投资主体应当力求创新，借鉴西方股权投资基金的经验，建立战略投资基金体系，承担国家战略使命。以国家宏观战略为主导的投资，能够优化经济结构，提高经济的长期增长水平。主要内容如下。

第一，中央银行和国家财政提供战略指引基金，授予基金在金融市场上的融资规模。国家可通过有选择性地提供国家信用担保，吸引国内外大型机构作为基金投资者，积极引导社会公众作为可取得优先回报的投资者，并在银行间市场直接发行债权，构建由国家战略指导、混合资本共同参与的长期主权投资基金。

第二，国家战略基金应在不同地区设立若干专业子基金。

第三，国家战略投资基金应根据市场导向机制，选择基金经理；建立国家荣誉和经济利益并重的长期激励机制，建立市场化、专业化的基金运营团队。

第四，完善国家战略投资基金的投资决策、咨询、审计及相关制度，全面促进基金制度的有效运行。

三 建立投资激励机制

在混合所有制改革的背景下，激励机制的创新主要体现在以下两方面：一是建立以管理资本为基础的国有资产监管体系；二是建立基于市场的聘用和激励机制。国有企业的公开上市和国有资本投资运营公司的设立，为国有资产监管体制的建立奠定了基础。通过在国资委和国有企业之间建立国有资本投资与运营公司，国资委的监管对象已从管理人、事务和资产转变为管理资本。"管理资本"主要强调国有资本的保值增值，而不是直接监督企业的具体经营。同时，对企业经营的评价和对经营者绩效的评价也将从由政府执行向由市场和股东执行逐步转变。转型后，政府监督与企业管理决策分离，政府职能与企业职能分离。在新的制度约束下，企业须在法规的范围内履行对投资者的责任，按市场规则运行，不断提高运营水平。政府将减轻直接管理企业的负担，将资源和精力转移到市场环境建设、公共服务和国有经济主要发展战略布局上。

改革企业经营者的聘任、解聘和考核制度，是混合所有制企业产权结构下国有资产监督制度改革的一个重要方面，也是投资体制改革的重要内容。由于国资委将放弃其直接的管理职能，企业董事会要完成选拔、任命、评价和激励企业管理者的任务。以市场导向为基础，选择具有更多管理经验的职业经理人来管理和经营企业，将有助于改变国有企业管理团队的官僚机制，改变其经营理念，让企业更多地独立参与市场竞争。市场化选择也意味着国有企业管理者对董事会和股东负责，建立"能上能下、能进能出"的人才流动机制，鼓励管理者勤勉尽责。此外，激励管理者也是公司治理的重要组成部分。长期以来，国有企业管理者的工资水平与企业绩效关系不密切，不利于形成有效的激励机制。企业应根据监管要求、行业标准、现有业务条件和发展计划，结合激励目标和股东意愿，制定切实可行的长期激励方案。企业经营者激励的重点要从政治上的晋升和在职消费转向合法的经济报酬，使其能够致力于企业的经营和管理。上述改革可以逐步使政府退出企业经营和内部治理环节，并将"奖惩权"返还给股东和市场。只有这样，不同所有制资本的混合过程和混业后的持续经营才能符合市场规律，国有资本投资体制的改革和发展也才能走上健康、可持续的轨道。

四　创新对外投资模式

中共十九大报告指出我国要积极创新对外投资方式，加快培育国际经济合作和竞争新优势，形成面向全球的投融资、贸易、生产、服务网络。因此，我国对外投资面临的重要任务之一是创新对外投资方式。在"一带一路"的背景下，创新对外投资模式不仅是国民经济发展的内在要求，也是我国融入经济全球化的外在需要。目前，欧美一些国家对海外市场上的中国企业存在负面情绪和不满，加强了对投资和贸易的保护。因此，创新是当务之急。

（一）投资方式的创新

首先是融资渠道的创新。我国企业的对外投资融资渠道相对狭窄，融资方式单一，过于依赖自有资金或国内银行贷款，这就带来了并购的约束。同时，企业的经营风险也在增加。未来，中国企业必须利用各种国内外融资渠道，借鉴发达国家的经验，选择最适合自己的融资方式。首先，我国应当利用多元化的市场化融资渠道，如私募基金等。一方面，这些以市场为导向的基金可以解决资本问题，另一方面，引进拥有丰富经验的专业团队，可以为投资提供有价值的指导。其次，我国要对投资方向进行创新。我国要根据新的要求调整和改变海外投资方式，努力开辟新的投资渠道，定向投资，准确投资。创新的落地必须要有新的投资渠道来支持。在投资渠道上，一些国家鼓励产业升级和内部消费升级，为我国企业对外投资拓展了空间。企业的对外投资能否为企业的发展带来价值，能否满足日益增长的国内消费群体的需求，是需要考虑的投资方向。再次，金融不能脱离实体经济或行业的封闭循环。因此，在探索新的投资模式时，必须更加关注产业与金融的融合。最后，企业要结合发展现状，制定明确的对外投资战略，做好打持久战的准备。

（二）对外投资的管理手段创新

我国必须不断完善对外投资的管理和服务体制。没有健全的管理体制和服务体系，对外投资方式的创新是不可持续的，也走不远。因此，我国必须逐步完善管理机制和服务体系。加强国内外资本市场的联系，有效开放我国的退出渠道，充分利用国际国内两个市场之间的相互作用，对于创新对外投资模式也具有十分重要的意义。在对外投资的管理方面，跨国文化整合难度更大，因此不能一蹴而就。我国应当通过联合生产、销售、研发，促进中外人员的相互了解，通过向海外派遣中国团队和引进所收购的团队来促进文化融合。在这方面，专业机构可以作为帮助企业进行设计和安排的桥梁。

（三）投资理念的创新

企业对外投资不仅需要勇气，还需要观念创新。我国企业成功走向国际舞台的关键之一是创新投资理念，勇于担当全球责任。中国企业应注重国际品牌形象建设、社会责任建设和绿色管理，努力打造国际品牌；要坚持观念创新，敢于解放思想，突破传统的投资观念，树立新的责任观。企业要通过海外投资融入投资国和当地社会，成为投资国的成员企业，要尽快树立融入观以适应被投资国家的文化环境。企业有责任为被投资国提供就业岗位，使受聘者能够在企业中得到培训和成长。同时，企业要积极履行企业社会责任，为地方社会做出应有的贡献，赢得地方政府和社会的信任与支持。

第三节　优化投资宏观布局

我国国有资本的宏观投资应把握两种投资方向，一是市场导向、企业利益驱动的投资机会；二是国家战略导向、全局利益驱动的投资机会。供给侧结构性改革的关键是要调整投资结构，我国应当积极加快推进投资领域供给侧结构性改革，推动双轨投资同步互促，由以国家战略基础资产为导向的宏观战略投资引导企业的微利投资，以投资双轨制促进经济结构调整升级，实现经济升级和民生改善的双赢。

一 宏观战略引领结构性投资

宏观战略投资是我国的制度优势,其内涵包括:第一,将过剩产能转化为生产要素投资。在"去产能"方面,国家在产能过剩产业中不应再进行任何规模的扩张投资,而应在基本生产要素和资产上进行大规模的持续投资,以提高系统的长期供给能力,特别是对生产要素的投资,可以立即增加对产能过剩产业的有效需求。即使某些行业需要部分淘汰,一些过剩产能也需要减少,国家也仍有提高产能过剩行业技术和管理水平的任务,而这与投资是分不开的。第二,对于"短板"行业的产业投资,国家还需要科学、冷静地估计短板行业的市场容量、现有生产能力和预期投入能力,及时发布行业指导意见。同时,要认真把握项目投资和审批的节奏。第三,要把过剩资本转化为民生资产,保障低收入群体的正常需求。由于仅靠税收和福利支出难以改变市场经济下收入分配两极化的趋势,因此,可考虑利用国家投资打造民生资产,并用这些民生资产产生的收益提高低收入群体的生活水平。第四,供给侧结构性改革要通过对生态环境、能源、劳动力、物资装备、技术等广泛的生产要素和国家战略资产进行持续有效的投资,提高供给体系的质量和效率,促进经济结构的转型升级。[①] 第五,我国经济仍处于粗放型发展阶段,经济发展对域外资源的依赖性日趋严重。在替代资源开发技术难以获得较大突破、我国经济对特定战略资源的高度依赖无法解除的背景下,为保障战略性资源海外获取战略的顺利实施,有必要从投资体制上加大调整和改革步伐,积极稳妥地制定和推进重要战略性资源海外获取战略。

---

① 吴敬琏、厉以宁、郑永年等:《读懂供给侧改革》,中信出版集团,2016,第134~136页。

二　以供给侧结构性改革为主线

在新一轮经济增长中，投资机会主要来自消费升级和新兴产业。展望"十三五"的战略新兴产业发展，中央的指导方针十分明确，就是构建新兴产业发展的新格局，提升新兴产业的支撑作用。因此，企业要在坚持发展创新驱动战略、把握产业变革方向的基础上投资高新技术前沿领域，根据供给侧结构性改革的重点领域优化投资组合，占领未来竞争的制高点。

显然，中国战略性新兴产业的发展肩负着建设新的现代产业体系、支持新旧增长动力转化、引领中国工业向中高端发展的新使命。国有资本的重点投资领域要符合技术发展的方向以及行业间融合度提高的趋势，在高效衔接"十二五"提出的发展任务的基础上，要适应"十三五"的新变化、新要求。国家应当通过创新和加强政府投资，充分发挥政府资金的引导作用，优化财政支持方向和方式以培养具备优势竞争力的企业。政府应当建立和完善 PPP 运作程序等相关制度，包括明晰政府和合作方的权责，建立违约惩罚机制，规范利益分配、风险分担机制，明晰各个部门间的责权等。同时，国家要鼓励机构和民间资本，建立和发展对企业具有倾斜性的引导基金、股权投资基金及创业投资基金等。在对外战略投资方面，国有资本应当通过并购、参股、合作等多种方式实现保值增值，并通过产融结合提高跨国资本运作能力。此外，国家应当设立专门机构落实投资决策，提升我国重要战略性投资的海外议价能力。

三　对外投资空间布局的基本思路

作为全球第二大经济体，中国对外投资规模处于全球前列，在国际投资格局中拥有特殊的战略地位。我国深化对外投资体制改革，不能依赖外力倒逼，需要通过国内的深度改革与法制建设，与全球投资规则的新趋势同向而行，共同构建利益共享和开放合作的投资新体系。① 面对不断变化的国际投资条款和跨国公司的投资权益保护，中国应顺应国际政治经济新格局的发展趋势，结合全球投资治理战略，积极融入全球价值链建设。我国的国有资本投资体制改革要抓住"再全球化"的历史转折点，通过对外投资整合全球资源，深入参与全球价值链建设，以此提高国有资本对外投资的质量和效率，进一步提升国有企业的竞争力与影响力，实现自身全球价值链的转型升级。此外，我国要积极推进国有资本境外投资体制改革与国内经济发展的战略协同。

（一）坚持共商、共建、共享的原则，推进"一带一路"布局

虽然美国主导的亚太自由贸易协定（TPP）暂时搁浅，但在当下特朗普煽动的"中美贸易战"的政治环境下，反全球化以及贸易保护主义有所抬头，中国的对外投资需要警惕这些风险。"一带一路"的实施，对于中国提高对相关国家投资、消除贸易壁垒有重要意义。中国应以此为契机，引导国内产能过剩产业向海外转移。此外，要抓住"海上丝绸之路"的战略机遇，在友好合作的基础上，加强对东盟国家的直接投资，这对于获得相对廉价的劳动力、资源以及广阔的消费市场有极大推动作用。"一带一路"的开放包容、互利共赢的特点决定了其不是零和博弈，更不是对已有的合作机制的压制和取代。相反，"一带一路"的推进是以利益共同体、命运共同体和发展共同体为目标的，中国将与沿线国家形成互利共赢的投资模式。

当前，国际产业分工格局正在发生变化，中国经济发展模式的转变与新一轮全球科技革命形成了历史性的交会。面对新形势，我国只有积极推行"一带一路"倡议，有效配置中国企业在

---

① 黄茂兴：《TPP 的中国策——全球化时代中国自贸区突围之路》，北京大学出版社，2016，第 679~683 页。

全球的产能，才能有效促进中国经济发展的转型升级。目前我国国有资本对外直接投资除了追求总量的增加，更应该注重质量的提升，特别是整体空间布局的优化，中国应加快从分散型投资向集群式投资的转变，重点建设自己的全球综合生产体系，提高自己在全球范围内的资源配置能力和在全球市场上的竞争力。随着"一带一路"倡议的推进，我国应当遵循共商、共建、共享的原则，积极推进"一带一路"合作机制建设，实现与"一带一路"国家产业协调、利益共享的双赢目标。

（二）继续加强对美国、西欧等国家和地区的学习型、技术导向型投资

企业作为市场经济的主体，在"走出去"战略中起着主导作用。在对外直接投资的区位选择上，企业应结合自身战略目标做出对外直接投资决策。一般来说，国有企业对外投资的目标更多地反映了国家的战略意图，而民营企业的战略目标可以大体分为获取生产要素、获取经营要素以及特殊战略目标三类，不同的战略目标适用于不同的投资地点。希望获取海外资金的企业应该将目标东道国集中于资本市场较发达的国家和地区，通过当地成熟的资本市场获取融资；而希望获取先进技术和人才资源的企业则应将目标锁定于美国、日本、欧盟等拥有高新技术和优秀人才的国家和地区。从具体国家和地区来说，我国应积极到美国、欧盟等技术优势明显的国家和地区开展直接投资，以获取技术外溢，或者直接通过跨国并购取得关键技术。

（三）探索建立自由贸易港，参照国际最高投资与贸易准则

根据中共十九大报告中提出的"赋予自由贸易试验区更大改革自主权，探索建设自由贸易港"这一全新主旨，我国应当积极探索自由贸易试验区的升级版，努力建设自由贸易港。尽管中国

企业在价格和规模优势方面深深植入了国际分工，但仍处于全球价值链的低端。为了实现在价值链上的突破和向上转移，获得更大的国际贸易规模，我国必须创新制度。自由贸易港内除了境内外货物能够自由进出，境内外资金能够自由流动，所有商品都可享受税收减免甚至零税率的优惠。自由贸易港的最大特点是金融服务业开放程度高，它是我国同国际投资与贸易最高规则对标的经济区域。尽管当下自由贸易港只能在小范围内进行试点，但不排除以后辐射沿海与内陆地区，可能会出现自由贸易港与自由贸易区重叠的现象。无论如何，自由贸易港为中国的开放创造了另一个强大的引擎。除了吸引更多跨国公司总部、增加转口贸易量、扩大外汇收入外，自由贸易港口还可以给中国带来特定的经济增长潜力。一方面，自由贸易港能创造中国参与全球价值链高端分工的优势。另一方面，自由贸易港口将大大加快中国国内企业转型升级的步伐。绝对公平的竞争将迫使中国企业向最高的国际贸易和投资规则转型和升级。

第四节　切实加强投资监管及风险防范机制建设

一　强化对投资中介服务机构的监管

第一，国家应当严格规范市场准入，要求新设立的投资中介服务机构必须具备与承担业务相适应的专业人员、技术条件及设备、注册资金和相应的办公场所。政府对投资中介服务机构的市场准入监管要符合国际惯例，对相关人员的执业资格要严格管理，强化责任约束管理。第二，有关部门应进一步加大日常监管力度，对目前存在的某些中介服务机构垄断和分割市场的行为，以及其在招投标过程中相互"串标"等恶性竞争行为，国家必须加大惩罚和制裁力度，保证投资中介服务市场健康、有序运行。第三，努力强化对投资项目的监管。有关部门应按照职责分工，各司其职，相互配合，加强对项目的监督，并严令制止项目设计的负外部性，一旦发生，要按照有关规定追究项目主要负责人的相关责任。

二　高度重视投资项目监督结果

目前，监管部门对投资项目监督的积极性不高，这与监督缺乏有效性密切相关。为此，国家应逐步建立相关机制和具体的操作方法，以确保有效应用相关监督结果。国家要明确投资监管的定位和工作方式，切实推进监管工作，提高监管的有效性，并且高度重视投资项目监督结果的运用。企业可明确规定将有关投资项目的监督结果纳入业绩考核的指标体系，作为对有关部门进行考核的内容。应当给予有关部门相应的制约权力和手段，使他们有权要求相关项目主要负责人对监督检查中发现的问题进行及时答复，并给出相应的反馈意见。

三　建立健全监管机制

事实上，我国融入经济全球化，意味着市场竞争的加剧，但并不意味着政府监管职能的减弱。相反，这对转变政府监管职能、提高政府监管效率提出了新的挑战。可以预见，随着我国政府职能的转型，政府将不断减少对投资领域的直接干预，代之以更多的间接引导、调控及服务，整个社会的投资效率也将不断提升。国家要对投资项目的监管机制进行创新，逐步建立起投资稽察、财政资金监管、审计监督、国有资本监管、纪检监察、人大监督可联合运行的监管体制机制，克服分散监管的弊端，切实提高监管效率。[1]

四　完善风险防范机制建设

在经济全球化的 21 世纪，西方发达国家经历了债务危机和

---

[1]　李国义：《深化民间投资体制改革》，《中国金融》，2013 年第 2 期。

金融危机，经济状况的持续衰退直接影响了包括中国在内的全球经济的发展，中国在崛起中将会遇到国内外诸多艰巨的问题。我国着力构建的"一带一路"倡议正在推行当中。在这个时代发展潮流之下，我国的境外直接投资将会大幅度提升。我国企业对外投资将面临宏观层面与微观层面的风险，风险种类多样且复杂。因此，研究国有资本对外投资的风险防范机制建设具有重要意义。

首先，从政府层面来看，政府应当加强整体规划和政策指导。 国际经济规则对于政府行为设置了很多限制条款，使原有的一些政府调控和扶持政策无法继续实施。在这种背景下，政府相关部门需要在熟悉、适应规则的基础上，充分利用其现有规则和条款，通过提高国内企业的竞争力、实施"走出去"战略等方式，推动我国投资领域的产业升级，使我国在新一轮国家产业分工中取得更多的主动。为了促进中国"走出去"战略的顺利发展，政府有必要建立和完善符合国际规则的投资法律制度。法律应当明确政府部门的相关行政职能和权力，同时规定中国企业"走出去"的权利和义务，作为企业"走出去"的指导性法规。同时，我国应当抓紧与尚没有签订双边投资协议的国家进行这方面的签订工作，以保证我国企业在世界各地的投资利益得到保护。我国应当加强多边和双边经贸磋商，减少和消除各种海外投资障碍。此外，国家要积极引导企业的对外投资行为，避免企业短视造成盲目投资，帮助企业及时获取信息，解决企业投资过程中的诸多问题，提高中国企业"走出去"的整体有序性和效率。

其次，要从企业层面完善对外投资的风险防范机制建设。 企业在境外投资时，应当成立专门的团队应对随时可能出现的风险。企业"走出去"必须有明确的目标，充分了解和熟悉东道国的资本市场，特别是东道国的法律监管制度，并聘请专业的服务机构。企业要建立风险评估预警体系，不断建立和完善境外投资风险评估和预警体系，降低风险发生概率。

最后，要从法律风险管理制度的层面，完善对外投资的风险防范机制建设。国家应当建立境外法律风险管理的基本制度，以预测法律风险、及时发现法律风险、正确处理法律风险为基本管理原则，以事前防范而非事后补救为基本管理目标，将法律风险管理纳入企业综合风险管理和治理系统。此外，国家要建立境外投资保险制度。它是国家依据国内法律所实施的一种保险制度，其主要目标是确保投资者的海外投资利益不受征收税率、汇兑限制、战争和政府违约的影响。

第五节 配套体制改革

作为一项综合性体制，投资体制改革与其他体制改革如财政体制改革、金融体制改革都密切相关。因此，我国要积极探索投资体制与财政、金融体制相互配合的机制，优化经济结构，完善宏观调控体系。国有资本投资体制改革应与其他领域的改革相协调，形成叠加效应，确保国有资本投资体制改革的平稳推进。

一 加快推进财政体制改革

作为国家治理的重要支柱，财政的重要地位体现为其对国家的重大改革领域具有全面的辐射效应。财政不仅是国家宏观调控的重要手段，也是国家战略建设及社会治理的重要财力保障。当前，我国财政体制改革应当重点把握以下几个方面：首先，国家要通过改革财政预算管理制度强化其预算约束，加强立法机关对政府的约束和监督，建立政府债务管理的风险预警机制；其次，国家应当明确各级政府之间的责任分工，适当加强中央支出责任；再次，国家要积极完善税收制度，通过进一步规范非税收入，理顺政府之间的收入分配，并完善转移支付制度；最后，我国要以建立全面、规范、公开、透明的预算制度为目标，使财政资源在阳光下运行。

二　加快推进金融体制改革和创新

金融体制的深化改革，就是要构建资本市场、货币市场、保险市场共同协调发展的现代化金融体系，在保持总供求大体平衡的基础上促进宏观经济的稳定增长，支持实体经济的发展。我国应当明确商业金融、开发金融、政策金融、合作金融之间的具体分工，通过合理布局优化银行金融体系，提高其服务实体经济的效率。同时，我国要建设公开透明、有序发展的资本市场，积极推进证券发行交易制度的改革，提升企业的直接融资比重。金融体制深化改革的目标之一是要在统一的框架下履行金融监管和风险控制，改革要把握四个关键点：一是制定和完善金融市场体系实施方案；二是要在对外开放中取得新突破，包括利率市场化改革和资本项目可兑换；三是进一步推进金融市场化改革，完善多层次资本市场体系；四是充分发挥保险市场的保障作用。

针对投资项目融资难、融资贵，融资渠道还需要进一步疏导等问题，应当利用多层次资本市场体系拓宽项目融资渠道，优化金融资产配置，更好地为供给侧结构性改革服务。[1] 目前，我国的多层次资本市场体系已经初步完善，主板、创业板、中小企业板、新三板以及地方股权交易市场都陆续进入规范发展的轨道。运用股权、债券、金融衍生工具等直接融资形式为中小企业的融资服务，这是一条被成熟市场多次证明行之有效的道路。在我国经济转型、产业结构升级和"双创"活动日益活跃的特殊时期，多层次资本市场体系必须承担拓宽投资项目融资渠道的责任。因此，在深化投融资体制改革的过程中，我国应当更多地利用多层次资本市场，形成一套投融资双方风险分担和利益共享的机制，在拓宽投融资渠道、促进创新和创业活力、推动经济增长动能转

---

① 刘克崮、王瑛、李敏波：《深化改革建设投融资并重的资本市场》，《管理世界》2013 年第 8 期。

换等方面发挥其独特优势。

三　推动土地的供给侧结构性改革

国家要通过土地供给主体的转变，改变政府垄断供给的局面，培育真正负责任的市场交易实体，提高土地配置效率，全面提高经济效益。从本质上讲，这一改革要求土地供应商不人为扭曲土地价格，改变其为实现资源配置以外的目标牺牲土地价格的现状，使土地产权交易主体成为交易收益的营利主体。这实质上是使土地供应商多元化，使现有的土地使用者可以作为主体上市交易。要从土地供给模式改革入手，使土地供给主体多样化，土地的原始使用者要对土地价格负责。公有制本质上只是确立了所有权，在所有权和使用权两权分离的情况下，可以将使用权在市场上交易。

总的来看，土地供给侧的改革必须重新厘定思路，摒弃政府继续全面垄断供应的做法，恢复市场化改革的基本内涵。国家要从真正的市场配置的角度出发，创造真正合格的土地供应主体，形成多元的土地供应格局，提高国民经济的整体效率。

第六节　投资信息服务平台的改革

党的十九大报告强调，我国应当积极促进互联网、大数据及人工智能的发展，使数字经济和实体经济更加紧密融合。数字政府的建设对于提供更好的政府服务、提高服务质量及社会运行的整体效率具有重要意义。根据联合国发布的《2018 联合国电子政务调查报告》，我国的电子政务发展指数（EGDI）在全球排名第65 位，有较大的上升空间。目前，我国的投资信息平台面临的主要挑战是信息资源不开放、不共享，存在网络安全隐患，多方干预效率低，缺乏法律制度保障。随着区块链技术的出现，这些问题可以得到有效的解决。信息资源共享是投资信息服务平台建设的主要内容，它的目标是以服务对象为中心，实现各级政府跨部门、跨领域、跨平台的完整及时的信息传递和业务协同共享。[①]本节结合区块链的技术特征及公共决策机制创新的客观要求，提出了以下几方面基于区块链技术的投资信息服务平台改革内容。

一 构建自组织式运作的投资信息服务平台

政府各部门、社会组织、企业和公民个人在区块链中记录相应的数据，公共机构只承担区块链平台建设、维护和运行监督的责任。通过区块链技术记录每个数据的访问和使用信息，可确保数据信息的安全性和隐私性，并且为各个主体追踪和追责使用数据的相关者提供了便利。行政强制机制和司法机制只有在主体之间发生纠纷时才能启动，并根据区块链上完整的数据记录通过回溯做出裁决。因此，借助去中心化、不可篡改而便于回溯的区块链的技术特征，可以使政务服务平台在去中心化的、自上而下监控的条件下高效运作。

二 构建定制化服务的投资信息服务平台

区块链记录的数据信息具有完整性、细致性和动态性的特点。根据区块链技术实现的点对点全景图的特点，可以形成针对不同人群的规划决策与具体的公共服务措施之间的分层，同时确保政策制定的宏观性和具体服务措施的针对性。监管色彩过于严格的公共服务方式会导致大量的审核及监督工作，一方面会导致公职人员的增加，另一方面由于需要杜绝虚假申请，会使政府与其服务对象间形成"猫鼠关系"。[②]借助区块链技术的分布性特征，可保证数据信息的可追溯性及真实性，为定制化的公共服务

---

① 朱锐勋：《基于云计算的政府信息资源协同共享及实现途径》，《计算机与网络》2014年第10期。

② 梁雯：《基于数据仓库技术的决策支持系统》，《计算机技术与发展》2001年第3期。

提供技术基础。由于区块链形成的信息的开放性，政府可大大减少在监管方面的投入，从而提高公共服务效率，改善公共服务质量。

三 构建决策扁平化的投资信息服务平台

区块链技术使不同的参与者有能力维护自己的数据信息的安全性。多方参与者之间的合作制衡关系，可保证投资决策者不需要过分参与到社会事务的细节中，而只需在维护公共安全、社会秩序以及制定发展规划等重要领域做出判断，形成正式问责机制和非正式问责机制相联系的责任结构。这有助于决策者摆脱具体事务的管理，在一定程度上避免海量数据信息的干扰，确保公共政策的相对稳定。同时，利用区块链技术的扁平化特点，可使基于区块链开放数据的公共决策工作受到各种社会主体的监督，可以保证公共政策的开放模式。

四 强化政府打造投资信息服务平台的基础责任

为了促进区块链技术在投资决策领域的应用，政府必须承担一些基本的建设责任：首先，政府应当加强整体规划和政策指导。国家可通过综合建设"点对点"的网络系统，将人财物的治理全面纳入数字化的管理体系，帮助政府克服自身的结构性障碍，实现国家认证能力的一体化和民主化。其次，根据区块链的技术要求，国家可建立开放的数据信息共享平台，为多主体参与数据开放和共享提供机构渠道及技术支持。再次，国家要加强区块链的法律保护。区块链属于网络自组织形式，主要依靠开源智能协议、加密算法和代码来保证其运行。这些机制过于强调分散监管，存在不稳定风险。因此，国家要建立和完善适合大数据和区块链技术的法律体系，以更严格的机制协助自组织平台的运行，加强对数据安全、隐私和数据交易秩序的保护。最后，国家要推进同行评议机制的制度化建设。政府要积极推动具有大数据处理能力的企业、社会团体、专家和其他政府部门组建评议小组，促进各类个性化公共服务措施间相互比较、相互学习机制的形成，助力公共服务的不断完善。

综上所述，通过区块链技术形成的多层协作、多头互联的投资信息服务平台，能够在很大程度上推动公共决策，防范大数据所带来的不确定性风险、控制风险、非民主化风险和碎片化风险。① 这将有效地确保公共政策在全面、公开、透明的大数据基础上制定，使决策者在政策制定过程中受到政府其他有关部门、企业和社会各界的全面监督。

---

① 蒋余浩、贾开：《区块链技术路径下基于大数据的公共决策责任机制变革研究》，《电子政务》2018 年第 2 期。

结　论

当前，中国特色社会主义进入了新时代，而我国国有资本投资体制的深化改革依然任重道远。在研究我国国有资本投资体制的历史变迁过程中，本书始终坚持实践和发展的观点，即坚持从我国经济发展的具体阶段来把握国有资本投资体制运行的规律；坚持根据我国经济发展的宏观背景及全球经济的变化趋势，分析我国国有资本投资体制深化改革的实践路径。经过研究，本书得出以下结论。

1. 中国社会主义的市场经济改革，包括对国有资本投资体制改革的理论探讨，属于马克思主义在中国实践的探索，也属于对中国特色社会主义政治经济学创新的探索。理论必须基于实践，又要指导实践，这只能是个矛盾的渐进过程。改革开放后，我国的国有资本投资体制改革由小到大、由点到面，从较低的起点走上了一条符合中国国情、具有特色的市场化道路，投资体制的市场化机制得到加强。

2. 经过 40 多年的改革开放，我国在投资体制改革方面做了大量的工作。体制的创新有效改善了市场环境，并提高了资源配置的效率。与成熟的市场经济国家相比，我国政府对国有资本投资活动的干预程度较深，管理手段较为丰富。当前，国有资本投资体制改革仍然存在投资主体的决策不够科学化民主化、投资结构难以得到有效控制、投资效益不尽如人意等许多问题。制度的不规范是造成国有资本投资体制改革出现困境的主要原因。

3. 如何客观评价我国国有资本投资体制是当前深化改革需要

解决的首要问题。我国应当根据投资体制深化改革的目标，科学建立国有资本投资体制的评价指标体系，并动态评估国有资本投资体制的运行效率，只有这样才能确保我国国有资本投资体制深化改革取得成功。国有资本投资体制评价指标体系的构建为客观评估我国国有资本投资体制的现状提供了分析工具，并为国有资本投资体制的深化改革提供了决策基础。

4. 现阶段我国经济运行的矛盾主要集中在供给侧方面，应当充分重视国有资本投资体制改革在当前供给侧结构性改革中的关键地位。我国还存在国有资本投资效率不高、国有资本投资服务供给侧结构性改革乏力的问题。当前供给侧结构性改革不能弱化投资的力量，应当格外重视投资，进而提高供给的质量和效率。因此，以提高国有资本投资效率为根本来度量经济增长，加强供给侧结构性改革和国有资本投资体制的相互耦合，是促进经济持续稳定发展的必经过程。

5. 国有资本投资体制的深化改革是一项复杂的系统工程。国有资本投资体制的正常运行要靠其内部的各个分系统相互协调、配合。我国应当根据国有资本投资体制的系统构造机理科学合理地设计其深化改革的总体框架，在对国有资本投资体制进行全面系统透视的基础上减少其各个内部分系统的摩擦，这对提高国有资本投资的配置效率、完善制度建设起着关键性作用。投资决策机制历来在国有资本投资体制变革中起关键作用，而且随着从计划经济向市场经济的演变，投资决策机制对国有资本投资体制变革的影响也不断扩大。投资决策机制的改革能够对国有资本投资体制的改革发挥"多米诺骨牌效应"，进而促进国家对相互关联的制度结构进行高效的变革。

6. 在经济全球化的背景下，我国有必要从全球化的视野俯瞰我国国有资本投资体制的运行和发展。中国应当积极参与全球投资治理，为共同构建国际投资规则体系提出中国方案，进而在重塑国际投资规则和全球投资治理体系中抢占先机。我国国有资本投资体制改革要结合全球治理战略，要抓住"再全球化"的历史转折点，积极融入全球价值链的建设，培育国有企业的国际竞争优势，引领我国国有企业从全球价值链的中低端逐步走向高端。

我国的国有资本投资体制正处在深化改革阶段，改革涉及的利益关系错综复杂。在当前面临逆全球化的严峻挑战的背景下，我国必然经历国有资本投资体制改革的瓶颈。为保证国有资本投资体制改革的平稳过渡，需要从动态的角度剖析这些因素对我国国有资本投资体制深化改革的影响，而这些尚待进一步研究。

参考文献

一 马克思主义经典著作和重要文献

［1］列宁选集（第1卷）［M］. 北京：人民出版社，1995.

［2］列宁选集（第2卷）［M］. 北京：人民出版社，1995.

［3］列宁选集（第4卷）［M］. 北京：人民出版社，1995.

［4］马克思，恩格斯. 共产党宣言［M］. 北京：人民出版社，1997.

［5］马克思. 1844年经济学哲学手稿［M］. 北京：人民出版社，2000.

［6］马克思. 资本论（第2卷）［M］. 北京：人民出版社，2004.

［7］马克思. 资本论（第3卷）［M］. 北京：人民出版社，2004.

［8］马克思恩格斯全集：第6卷［M］. 北京：人民出版社，1973.

［9］马克思恩格斯全集：第11卷［M］. 北京：人民出版社，1973.

［10］马克思恩格斯全集：第18卷［M］. 北京：人民出版社，1973.

［11］马克思恩格斯全集：第20卷［M］. 北京：人民出版社，1973.

［12］马克思恩格斯全集：第34卷［M］. 北京：人民出版

社，1973.

［13］马克思恩格斯全集：第46卷［M］．北京：人民出版社，2003.

［14］马克思恩格斯选集：第1卷［M］．北京：人民出版社，2012.

［15］马克思恩格斯选集：第2卷［M］．北京：人民出版社，2012.

［16］马克思恩格斯选集：第4卷［M］．北京：人民出版社，2012.

［17］毛泽东．论十大关系［M］．北京：人民出版社，1976.

［18］毛泽东选集（第1卷）［M］．北京：人民出版社，1991.

［19］毛泽东选集（第2卷）［M］．北京：人民出版社，1991.

［20］毛泽东选集（第3卷）［M］．北京：人民出版社，1991.

［21］毛泽东选集（第4卷）［M］．北京：人民出版社，1991.

［22］毛泽东选集（第5卷）［M］．北京：人民出版社，1991.

［23］毛泽东选集（第6卷）［M］．北京：人民出版社，1991.

［24］习近平．摆脱贫困［M］．福州：福建人民出版社，1992.

［25］习近平．干在实处走在前列［M］．北京：中共中央党校出版社，2006.

［26］中共中央文献研究室．十八大以来党和国家重要文献选编［M］．北京：中央文献出版社，2018.

[27] 中共中央文献研究室. 十二大以来重要文献选编 [M]. 北京: 中央文献出版社, 2011.

[28] 中国中央党史和文献研究院. 习近平扶贫论述摘编 [M]. 北京: 中共文献出版社, 2018.

二 著作图书

[1] 白景明. 美国自由主义的市场经济 [M]. 武汉: 武汉出版社. 1997.

[2] 曹尔阶. 新中国投资史纲 [M]. 北京: 中国财政经济出版社, 1992.

[3] 曹晋生. 企业发展中的银行融资 [M]. 北京: 经济管理出版社, 2002.

[4] 陈俊明. 政治经济学批判——从《资本论》到《帝国主义论》[M]. 北京: 中央编译出版社, 2006.

[5] 陈少晖, 廖添土. 公共财政框架下省域国有资本经营预算研究 [M]. 北京: 社会科学文献出版社, 2012.

[6] 成为林, 李焜. 投资经济学 [M]. 武汉: 华中理工大学出版社, 1993.

[7] 戴天柱. 中国财政投融资研究 [M]. 北京: 经济管理出版社, 2001.

[8] 戴玉林. 投资结构论 [M]. 北京: 中国金融出版社, 1995.

[9] 邓子基. 财政理论与财政实践 [M]. 北京: 中国财政经济出版社, 2003.

[10] 邓子基. 财政学 [M]. 北京: 中国人民大学出版社, 2001.

[11] 冯玉成, 洪岚. 投资融资财税制度改革 [M]. 北京: 中国人民大学出版社, 1999.

[12] 福建师范大学福建自贸区综合研究院. "一带一路"

与中国自贸试验区融合发展战略 [M]．北京：经济科学出版社，2017.

[13] 耿明斋．转轨时期的投资体制和投资运作方式 [M]．北京：中国经济出版社，2001.

[14] 黄茂兴．TPP的中国策：全球化新时代中国自贸区突围之路 [M]．北京：北京大学出版社，2016.

[15] 黄茂兴．福建自贸区蓝皮书：中国（福建）自由贸易试验区发展报告（2016－2017）[M]．北京：社会科学文献出版社，2017.

[16] 黄茂兴．论技术选择与经济增长 [M]．北京：科学文献出版社，2010.

[17] 蒋硕亮．中国（上海）自贸试验区制度创新与政府职能转变 [M]．北京：经济科学出版社，2015.

[18] 科斯．财产权利与制度变迁：产权学派与新制度学派译文集 [M]．上海：三联书店上海分店，1994.

[19] 李春城，孙平，蔡亦如．投资体制改革的理论与实践 [M]．成都：四川大学出版社，2003.

[20] 李琮．当代资本主义论 [M]．北京：社会科学文献出版社，1993.

[21] 李建平．马克思主义经济学的创新与发展 [M]．北京：社会科学文献出版社，2008.

[22] 李建平．《资本论》第一卷辩证法探索 [M]．北京：社会科学文献出版社，2006.

[23] 李建建．等统筹城乡发展：历史考察与现实选择以福建省为例 [M]．北京：经济科学出版社，2008.

[24] 李俊元．投融资比较 [M]．北京：机械工业出版社，2003.

[25] 李荣融．外国投融资体制研究 [M]．北京：中国计划出版社，2000.

[26] 梁媛. 国有资产境外投资风险生成机理与治理机制研究 [M]. 北京：中国经济出版社，2013.

[27] 林毅夫. 关于制度变迁的经济学理论：诱致型制度变迁与强制型制度变迁 [M]. 上海：上海三联书店，1994.

[28] 卢现祥. 新制度经济学 [M]. 武汉：武汉大学出版社，2011.

[29] 鲁桐. WTO与中国企业国际化 [M]. 北京：中共中央党校出版社，2000.

[30] 马坤. 中国对外直接投资潜力研究 [M]. 北京：经济科学出版社，2010.

[31] 诺斯. 制度、制度变迁与经济绩效 [M]. 上海：上海三联书店，1994.

[32] 欧阳艳艳. 中国对外直接投资——逆向技术溢出与区域竞争力研究 [M]. 广州：中山大学出版社，2014.

[33] 彭桂兰，黄书田. 中国改革全书——投资体制改革卷 [M]. 大连：大连出版社，1992.

[34] 青木昌彦. 经济体制的比较制度分析. 魏加宁等译 [M]. 北京：中国发展出版社，1999.

[35] 任力波. 对外投资新空间——"一带一路"国别投资价值排行榜 [M]. 北京：社会科学文献出版社，2014.

[36] 史正富，刘旭. 看不见的所有者 [M]. 上海：上海人民出版社，2012.

[37] 滕泰，范必. 供给侧改革 [M]. 北京：东方出版社，2016.

[38] 汪海波. 中华人民共和国工业经济史：1949－1998 [M]. 太原：山西经济出版社，1998.

[39] 汪同三. 中国投资体制改革30年研究 [M]. 北京：经济管理出版社，2008.

[40] 王辉耀，苗绿. 中国企业全球化报告 [M]. 北京：社

会科学文献出版社，2016.

［41］王耀中．中国投资体制转型研究——一种中西比较的新视角［M］.北京：人民出版社，2002.

［42］吴敬琏，厉以宁，郑永年等．读懂供给侧改革［M］.广州：中信出版集团，2016.

［43］吴敬琏．供给侧改革［M］.北京：中国文史出版社，2016.

［44］吴亚平．投融资体制改革：何去何从［M］.北京：经济管理出版社，2013.

［45］吴亚平．中国投资30年［M］.北京：经济管理出版社，2009.

［46］武力．中华人民共和国经济史［M］.北京：中国时代经济出版社，2010.

［47］肖翔．中国工业化中的政府作用研究［M］.北京：经济科学出版社，2014.

［48］徐绍史.2015中国双向投资发展报告［M］.北京：机械工业出版社，2016.

［49］姚洋．政府行为与中国经济结构转型研究［M］.北京：北京大学出版社，2014.

［50］殷强．中国公共投资效率研究［M］.北京：经济科学出版社，2008.

［51］约瑟夫·A.佩契曼著．美国税收政策［M］.李冀凯，蒋黔贵译［M］.北京：北京出版社，1994.

［52］张昌彩．中国融资方式研究［M］.北京：中国财政经济出版社，1999.

［53］张汉亚．政府应该管什么［M］.南昌：江西人民出版社，2004.

［54］张宏．中国对外直接投资与全球价值链升级［M］.北京：中国人民大学出版社，2011.

［55］张华荣．科学思维方法论基础［M］．福州：海风出版社，2001．

［56］张维迎．企业理论与中国企业改革［M］．北京：北京大学出版社，1999．

［57］张馨．公共财政论纲［M］．北京：经济科学出版社，1999．

［58］张长春．调整优化投资结构研究［M］．北京：经济管理出版社，2013．

［59］郑新立，徐伟，綦鲁明．从计划到市场——中国计划投资体制改革40年［M］．广州：广东经济出版社有限公司，2017．

［60］周道炯．当代中国的固定资产投资管理［M］．中国社会科学出版社，1989．

［61］邹东涛主编．中国经济发展和体制改革报告：中国改革开放30年［M］．北京：社会科学文献出版社，2008．

三　中文期刊

［1］蔡武．坚持文化先行　建设"一带一路"［J］．求是，2014（09）：44-46．

［2］蔡笑腾，白海军．经济学视角下国有资本投资制度的理论解释［J］．经济研究参考，2011（16）：57-63．

［3］陈波，丁国瑾．关于我国固定资产投资审计的若干问题及对策［J］．山西财经大学学报，2007（S1）：157-159．

［4］陈工，陈明利．财政分权、企业投资效率与资本配置［J］．华东经济管理，2016，30（01）：1-12．

［5］陈清．中外政府投资体制比较研究［J］．亚太经济，2005（04）：71-73．

［6］陈少晖．新型投融资体制框架下的国有投资公司改革［J］．财政研究，2004（03）：37-41．

[7] 陈艳利，迟怡君. 央企投资效率与资本运营：由国有资本经营预算观察 [J]. 改革，2015（10）：41-50.

[8] 程伟，冯舜华. 波兰"混合型"私有化与企业重建 [J]. 俄罗斯中亚东欧研究，2003（03）：24-32.

[9] 崔凡，赵忠秀. 当前国际投资体制的新特点与中国的战略 [J]. 国际经济评论，2013（02）：108-117.

[10] 杜小伟. 我国多层次资本市场转板制度设计构想 [J]. 河南师范大学学报（哲学社会科学版），2016（01）：74-78.

[11] 杜兴鹏. 中国加快实施自由贸易区战略的难点及对策探讨 [J]. 价格月刊，2014（04）：35-38.

[12] 樊纲. 通货紧缩、有效降价与经济波动——当前中国宏观经济若干特点的分析 [J]. 经济研究，2003（7）3-9.

[13] 冯体一. 央企对外直接投资的战略选择 [J]. 华东师范大学学报，2015（02）：113-123.

[14] 葛顺奇，罗伟. 中国制造业企业对外直接投资和母公司竞争优势 [J]. 管理世界，2013（06）28-42.

[15] 龚柏华. TPP协定投资者——东道国争端解决机制评述 [J]. 世界贸易组织动态与研究，2013，20（01）：59-67.

[16] 郭春丽. 组建投资运营公司、完善国有资本管理体制 [J]. 宏观经济管理，2014（11）：49-52.

[17] 国梁. 转轨时期国家投资经营二元化法制逻辑 [J]. 山东财经大学学报，2017，29（01）：110-117.

[18] 韩冰. BITs与海外投资利益保护——基于中国与"一带一路"国家BITs的分析 [J]. 国际经济合作，2017（08）：31-36.

[19] 韩萍. 中国企业对外直接投资区位选择偏好性探究 [J]. 中国集体经济，2016（06）：67-68.

[20] 郝中中. 我国对外直接投资的制度变迁及特点分析 [J]. 对外经贸实务，2014（11）：70-73.

[21] 何婧，徐龙炳. 政治关联对境外上市企业投资效率的

影响 [J]. 经济管理，2012（08）：11－19.

[22] 胡迟. 国有资本投资、运营公司监管的新发展与强化对策 [J]. 经济纵横，2017（10）：47－53.

[23] 胡锋，黄速建. 对国有资本投资公司和运营公司的再认识 [J]. 经济体制改革，2017（06）：98－103.

[24] 黄少安. 制度变迁主体角色转换假说及其对中国制度变革的解释 [J]. 经济研究，1999（01）：66－72.

[25] 计金标，应涛. "一带一路"背景下加强我国"走出去"企业税制竞争力研究 [J]. 中央财经大学学报，2017（07）：19－27.

[26] 贾康. 配套推进投资体制改革 [J]. 中国改革，1987（10）：34－36.

[27] 剧锦文. 六十年代初我国经济调整时期宏观经济政策运用的启示 [J]. 经济科学，1990（05）：60－64.

[28] 李翀. 论供给侧改革的理论依据和政策选择 [J]. 经济社会体制比较，2016（01）：9－18.

[29] 李锋. "十三五"时期我国对外直接投资面临的机遇与挑战 [J]. 全球化，2016（11）：64－74.

[30] 李国义. 深化民间投资体制改革 [J]. 中国金融，2013（2）：86－87.

[31] 李建平. 转变经济增长方式的辩证思考 [J]. 福建师范大学学报（哲学社会科学版），1997（3）：18－22.

[32] 李建平，张华荣，黄茂兴. 马克思主义经济学方法论的理论演进与变革趋向 [J]. 当代经济研究，2007，141（5）：1－6.

[33] 李建业. 我国区域投资制度变迁的博弈解释 [J]. 现代企业，2004（11）：37－38.

[34] 李硕. 国际技术性贸易壁垒的新态势及对我国的影响 [J]. 经济纵横，2015（12）：111－115.

[35] 李雪松，赵宸宇，聂菁. 对外投资与企业异质性产能

利用率 [J]. 世界经济，2017（05）：75 - 99.

[36] 李杨，冯伟杰，贾瑞哲. 对我国进一步扩大利用外商直接投资的思考 [J]. 国际贸易，2018（06）：20 - 25.

[37] 李智，原锦凤. 基于中国经济现实的供给侧改革方略 [J]. 价格理论与实践，2015（12）：12 - 17.

[38] 梁达. 加快民生工程建设　培育经济增长新动力 [J]. 宏观经济管理，2013（10）：21 - 23.

[39] 刘德标，马志杰. 中国自由贸易区：开放自由的服务贸易 [J]. 中国经贸，2013（02）：32 - 35.

[40] 刘克崮，王瑛，李敏波. 深化改革与建设投融资并重的资本市场 [J]. 管理世界，2013（8）：1 - 5.

[41] 刘瑞明. 哈耶克诘难、权威转变与经济成长：中国分权式改革的逻辑 [J]. 经济学家，2010（02）：12 - 20.

[42] 刘芍佳，孙霈，刘乃全. 终极产权论、股权结构及公司绩效 [J]. 经济研究，2003（04）：51 - 62.

[43] 刘苏云. 国企境外直接投资法律监管体制的缺陷分析与完善 [J]. 企业经济，2009（12）：187 - 189.

[44] 刘锡良，吕娅娴，苗文龙. 国际风险冲击与金融市场波动 [J]. 中国经济问题，2014（03）：90 - 100.

[45] 刘媛媛，马建利. 政府干预视域的国有资本投资效率问题研究 [J]. 宏观经济研究，2014（06）：35 - 43 + 57.

[46] 龙丽梅. 从投资体制六十年之变迁看危机下政府投资的规范性 [J]. 求是，2009（02）：106 - 108.

[47] 苗圩. 培育发展战略性新兴产业　加快推进产业结构调整 [J]. 中国发展观察，2011（04）：39 - 41.

[48] 潘伟光. 美国、韩国、新加坡促进企业对外投资政策及启示 [J]. 计划与市场，2001（01）：38 - 39.

[49] 齐俊妍，陈娟. 区域经济背景下贸易影响因素及发展潜力研究——基于亚太经济合作组织及东盟国家的分析 [J]. 经

济问题探索，2016（11）：91-98.

[50] 钱维政．政府投资体制改革的方向：市场化 [J]．经济学研究，2007（05）：38-42.

[51] 桑百川．新一轮全球投资规则变迁的应对策略——以中美投资协定谈判为视角 [J]．人民论坛·学术前沿，2014（2）：82-89.

[52] 沙治慧．市场化：投资体制改革的必由之路 [J]．经济体制改革，2005（04）：100-103.

[53] 史晓丽．构建中国海外投资保险制度的法律思考 [J]．国际贸易，2013（11）：60-65.

[54] 史正富．劳动、价值和企业所有权——马克思劳动价值论的现代拓展 [J]．经济研究，2002（2）：23-30.

[55] 汪文祥．深化投资体制改革的思路和措施 [J]．中国经贸导刊，2013（06）：32-34.

[56] 王碧珺．中国参与全球投资治理的机遇与挑战 [J]．国际经济评论，2014（01）：94-109.

[57] 王朝恩，钱晓萍．双边投资条约投资转移条款比较及中国的对策 [J]．亚太经济，2014（04）：10-16.

[58] 王德祥，黄杰．政府债务和经济增长：基于供给侧的比较分析 [J]．宏观经济研究，2018（03）：5-15.

[59] 王广谦．中国对外投资与引进外资的新变化及政策建议 [J]．金融论坛，2017，22（07）：3-5.

[60] 王国文．投资体制的构造机理新探——兼论我国投资体制改革的目标模式 [J]．探索与争鸣，1992（06）：28-35.

[61] 王宏新．论我国对外直接投资发展的体制性障碍与对策 [J]．宁夏社会科学，2006（04）：57-60.

[62] 王乐夫，刘亚平．国际公共管理的新趋势：全球治理 [J]．学术研究，2003（3）：53-58.

[63] 王曦，陆荣．体制演进、政府介入与投资膨胀：不确

定性条件下的转型期投资模型［J］. 世界经济, 2010, 33 (11): 3-23.

［64］王霞.《2010年度中国对外直接投资统计公报》发布［J］. 国际经济合作, 2011 (09): 67.

［65］王小龙, 陈伟光. 全球投资治理: 发展演进与中国的参与路径［J］. 金融教育研究, 2016, 29 (01): 3-10.

［66］王晓红. 构建新时期我国企业对外直接投资的新体制和新格局［J］. 国际贸易, 2017 (03): 8-14.

［67］王焱霞. 中国完善境外国有资产监管问题研究［J］. 改革与战略, 2012, 28 (02): 37-40.

［68］王燕, 徐帅. 当前我国对外贸易面临的主要问题及对策分析［J］. 中外企业家, 2014 (07): 7-8.

［69］王轶南, 王晓丽. 中国对欧盟FDI中的跨国并购动因分析［J］. 商业研究, 2014 (07): 55-59.

［70］卫彦琦. 国际投资体制的演进趋势及我国的应对策略［J］. 对外经贸实务, 2016 (08): 83-86.

［71］文洋. 全球投资治理: 现状、趋势及中国的参与路径［J］. 理论视野, 2016 (10): 65-68.

［72］吴昊旻, 宋静云. "类国企化"是否损害民营企业的投资效率——基于中国民营上市公司的经验证据［J］. 现代财经（天津财经大学学报）, 2018, 38 (07): 19-35.

［73］吴其胜. 国际投资规则新发展与中国的战略选择［J］. 国际关系研究, 2014 (02): 134-146.

［74］夏立军, 陈信元. 市场化进程、国企改革策略与公司治理结构的内生决定［J］. 经济研究, 2007 (07): 82-95.

［75］夏立军, 方轶强. 政府控制、治理环境与公司价值［J］. 经济研究, 2005 (05): 40-51.

［76］谢毓祯. 国有资本投资运营公司发展模式的投行化前瞻［J］. 国际金融, 2017 (08): 71-74.

［77］辛清泉，谭伟强．市场化改革、企业业绩与国有企业经理薪酬［J］．经济研究，2009（11）：68－81.

［78］辛清泉，郑国坚，杨德明．企业集团、政府控制与投资效率［J］．金融研究，2007（10a）：123－142.

［79］熊小奇，吴俊．我国对外投资产业选择与区位布局［J］．亚太经济，2010（04）：99－102.

［80］徐锦文．以提高投资效益为中心、强化投资体制配套改革［J］．湖北社会科学，1990（10）：31－34.

［81］徐明亮，袁天荣．交错董事会条款、制度环境与投资效率［J］．经济管理，2018，40（05）：21－36.

［82］杨飞虎．我国投资体制改革及其政策建议［J］．江西社会科学，2007（12）：127－130.

［83］杨华．健全境外投资综合服务体系，促进"走出去"战略的实施［J］．中央财经大学学报，2014（10）：99－105.

［84］杨建武，姚嘉．分权格局下投资膨胀的成因及对策［J］．中央财政金融学院学报，1988（01）：64－66.

［85］杨瑞龙．我国制度变迁方式转换的三阶段论［J］．经济研究，1998（01）：3－7.

［86］杨书剑．试述中国投资体制变迁的主要特征［J］．投资研究，1998（03）：6－8.

［87］姚战祺．基于全球价值链视角的中国企业海外投资效率问题研究［J］．国际贸易，2016（02）：13－17.

［88］于柯夫．建立政府投资重大项目法律顾问制度［J］．宏观经济管理，2014（08）：73－74.

［89］郁建兴．中国的公共服务体系：发展历程、社会政策与体制机制［J］．学术月刊，2011（03）：5－17.

［90］袁白薇．推动知识产权质押评估　助力质押融资工作开展［J］．中国资产评估，2013（09）：34－37.

［91］袁钢明．机制转换过程中的投资膨胀及其治理对策

[J]. 经济纵横, 1987 (05): 19-25.

[92] 张成, 梁一新. 投资体制的变迁与政府职能的转变 [J]. 当代经济, 2005 (11): 30-31.

[93] 张丹, 张威. 中国与中东欧国家经贸合作现状、存在问题及政策建议 [J]. 中国经贸导刊, 2014 (27): 36-38.

[94] 张桂玲. 投资体制改革对国有经济投资效率的影响研究 [J]. 财会月刊, 2011 (15): 23-26.

[95] 张汉亚. 我国投资体制的问题与改革方向 [J]. 中国社会科学院研究生院学报, 2003 (04): 51-58.

[96] 张欢. 中国投资体制改革的二元性特征及其趋势研究——兼论投资体制市场化改革的重要性 [J]. 特区经济, 2005 (09): 127-129.

[97] 张慧君. 北欧福利国家向何处去: 挪威经验及启示 [J]. 科学社会主义, 2011 (4): 154-157.

[98] 张前程, 杨光. 投资依赖、产能过剩与地方债务风险——基于马克思经济学的分析 [J]. 东南学术, 2015 (02): 81-89.

[99] 张淑芳. 负面清单管理模式的法治精神解读 [J]. 政治与法律, 2014 (02): 11-18.

[100] 张幼文. 开放型发展新时代: 双向投资布局中的战略协同 [J]. 探索与争鸣, 2017 (07): 97-106.

[101] 张跃平, 刘荆敏. 委托-代理激励理论实证研究综述 [J]. 经济学动态, 2003 (06): 74-78.

[102] 赵健. 投资与产业结构升级: 基于民间投资与政府投资的差异性、协调性视角 [J]. 经济问题探索, 2019 (02): 137-141.

[103] 赵懿清. 企业投资趋同行为研究综述——基于理性和非理性理论视角 [J]. 中国物价, 2018 (08): 43-46.

[104] 周国栋, 周伟. 深化投资体制改革进一步简政放权 [J]. 宏观经济管理, 2015 (04): 19-21.

［105］周立群.海外投资整体战略布局亟待调整［J］.经济研究参考，2011（66）：4-7.

［106］朱锐勋.基于云计算的政府信息资源协同共享及实现途径［J］.计算机与网络，2014，40（10）：71-74.

四　硕博士论文

［1］边岳.论政府投资决策的法律规制［硕士学位论文］［D］.北京：中国政法大学，2011.

［2］陈秋兰."文革"时期福建经济研究［硕士学位论文］［D］.福州：福建师范大学，2006.

［3］崔舜雯.国进民退与国退民进混合所有制改革对企业效率影响的比较研究［硕士学位论文］［D］.南京：东南大学，2016.

［4］敦忆岚.新时期中国企业对外投资问题及对策研究［博士学位论文］［D］.北京：中国社会科学院，2014.

［5］冯华.制度因素与中国企业对外直接投资研究［博士学位论文］［D］.青岛：山东大学，2016.

［6］高壮.财政投融资体制国际比较研究［博士学位论文］［D］.长春：吉林大学，2012.

［7］韩载振.中国企业对外直接投资发展分析［博士学位论文］［D］.北京：对外经济贸易大学，2004.

［8］韩志峰.中国政府投资调控研究［博士学位论文］［D］.北京：中国社会科学院，2001.

［9］何志强.经济转轨时期我国产业投资研究［博士学位论文］［D］.成都：西南财经大学，2006.

［10］黄建清.经济转型时期中国政府投资与经济增长研究［博士学位论文］［D］.福州：福建师范大学，2004.

［11］黄良杰.国有上市公司非效率投资问题研究——基于地方政府治理视角［博士学位论文］［D］.广州：暨南大学，

2010.

[12] 霍忻. 中国对外直接投资逆向技术溢出的产业结构升级效应研究［博士学位论文］［D］. 北京：首都经济贸易大学，2016.

[13] 贾少丽. 陈云财政平衡思想研究［硕士学位论文］［D］. 漳州：闽南师范大学，2015.

[14] 姜亚鹏. 中国对外直接投资研究制度影响与主体结构分析［博士学位论文］［D］. 成都：西南财经大学，2011.

[15] 姜长青.20世纪70年代末、80年代初中国经济调整研究［博士学位论文］［D］. 北京：中共中央党校，2006.

[16] 李朝阳. 日本财政投融资体制及对我国的启示［博士学位论文］［D］. 大连：东北财经大学，2010.

[17] 李京晓. 中国企业对外直接投资的母国宏观经济效应研究［硕士学位论文］［D］. 天津：南开大学，2017.

[18] 李学通. 国有企业利润分配制度的演进轨迹与改革路径研究［硕士学位论文］［D］. 福建师范大学，2015.

[19] 刘钢. 国有企业战略性改组与国有资本退出问题研究［硕士学位论文］［D］. 青岛：中国海洋大学，2006.

[20] 刘伟.1988年中国"物价闯关"研究［博士学位论文］［D］. 北京：中共中央党校，2011.

[21] 刘妍. 关于刘少奇探索国民经济调整问题的研究［硕士学位论文］［D］. 哈尔滨：黑龙江大学，2009.

[22] 马春燕. 我国地方政府投资效率研究——基于完善财政分权的视角［硕士学位论文］［D］. 大连：东北财经大学，2011.

[23] 马淮. 中国国有资产管理体制研究［博士学位论文］［D］. 北京：中央民族大学，2005.

[24] 潘相麟. 基础设施建设投融资运行模式研究——兼析重庆实践［硕士学位论文］［D］. 重庆：重庆大学，2007.

［25］沈贯力．中国共产党三线建设战略研究［硕士学位论文］［D］．桂林：广西师范大学，2009.

［26］沈山州．中国投资体制的变迁及其对投资效率的影响——政府的视角［博士学位论文］［D］．上海：复旦大学，2003.

［27］宋维佳．基于FDI的我国企业"走出去"战略研究［博士学位论文］［D］．大连：东北财经大学，2006.

［28］谭明军．国有资本投资综合效益研究［博士学位论文］［D］．成都：西南财经大学，2011.

［29］谭啸．我国国有资本经营预算改革研究［博士学位论文］［D］．北京：财政部财政科学研究所，2014.

［30］唐敏．中国改革开放三十年伟大成就和经验启示研究［硕士学位论文］［D］．陕西师范大学，2009.

［31］王传东．"洋跃进"问题探析［硕士学位论文］［D］．北京：中共中央党校，2009.

［32］王长治．铁路工程施工投标对策分析与研究［硕士学位论文］［D］．天津：天津大学，2008.

［33］王卓．我国"十五"时期对外直接投资的规模预测与战略分析［硕士学位论文］［D］．泉州：华侨大学，2002.

［34］肖惠朝．北京市物资体制研究［博士学位论文］［D］．北京：首都师范大学，2012.

［35］肖帅．混合所有制导向下企业国有资产管理体制变迁和改革研究［博士学位论文］［D］．福州：福建师范大学．2016.

［36］杨丹丹．中外对外直接投资比较研究［博士学位论文］［D］．沈阳：辽宁大学，2011.

［37］杨牧磊．地方政府国有资产监管能力研究［硕士学位论文］［D］．昆明：云南大学，2012.

［38］姚振军．拨乱反正的历史思考［博士学位论文］［D］．北京：中共中央党校，1996.

［39］袁长婷. 我国国有资本对外直接投资的法律监管［硕士学位论文］［D］. 北京：中国政法大学，2010.

［40］臧玉荣. 国有资本产融结合研究［博士学位论文］［D］. 北京：中共中央党校，2015.

［41］曾凡慧. 我国投资结构失衡问题研究［博士学位论文］［D］. 北京：中共中央党校，2016.

［42］张璐. 中国在中东欧国家投资的机遇与风险研究［硕士学位论文］［D］. 广州：广东外语外贸大学，2017.

［43］张媚. 基于民生视角的非经营性国有资产管理研究［博士学位论文］［D］. 成都：西南财经大学，2012.

［44］张前程. 转型期中国投资行为的理论与实证研究［博士学位论文］［D］. 天津：南开大学，2014.

［45］张舒. 我国国有资本经营预算研究：基于国企改革视角［博士学位论文］［D］. 北京：北京交通大学，2014.

［46］张奕琳. 我国经济周期阶段与固定资产投资的关系研究［硕士学位论文］［D］. 长沙：湖南大学，2007.

［47］张志民. 历史观照下的中国外商投资法研究［硕士学位论文］［D］. 哈尔滨：黑龙江大学，2009.

［48］郑小玲. 中国财政管理体制的历史变迁与改革模式研究（1949－2009）［博士学位论文］［D］. 福州：福建师范大学，2011.

［49］朱华. 中国对外直接投资：发展阶段、决定因素与对策研究［博士学位论文］［D］. 大连：东北财经大学，2011.

［50］朱为存. 改革开放以来的中国对外直接投资研究［硕士学位论文］［D］. 北京：中共中央党校，2010.

五 英文资料部分

［1］Adelino M，Song M A，D R. Firm Age，Investment Opportunities，and Job Creation［J］. *Journal of Finance*，2017，72（3）：

999 – 1038.

[2] Afonso A, Aubyn M S. Economic Growth, Public, and Private Investment Returns in 17 OECD Economies [J]. *Portuguese Economic Journal*, 2018: 1 – 19.

[3] Agosin M R, Mayer R. Foreign Investment in Developing Countries: Does it Crowd in Domestic Investment [J]. *Unctad Discussion Papers*, 2005, 33 (2): 149 – 162.

[4] Agrawal A, Mandelker G N. Managerial Incentives and Corporate Investment and Financing Decisions [J]. *Journal of Finance*, 2012, 42 (4): 823 – 837.

[5] Alchian Armen, Demsetz Harold. Production, Information Costs and Economic Organization [J]. *American Economic Review*, 1972 (62): 777 – 795.

[6] Alstadsæter A, Jacob M, Michaely R. Do dividend taxes affect corporate investment? [J]. *Journal of Public Economics*, 2017, 151: 74 – 83.

[7] Alvarez J E. The Once and Future Foreign Investment regime [J]. *Looking to the Future*, 2010, 11 (8): 607 – 648.

[8] Ankum L A. A Real Options and Game – Theoretic Approach to Corporate Investment Strategy under Competition [J]. Fm the *Journal of the Financial Management Association*, 1993, 22 (3): 241 – 250.

[9] Asker J, Farremensa J, Ljungqvist A. Corporate Investment and Stock Market Listing: A Puzzle? [J]. *Review of Financial Studies*, 2015, 28 (2): 342 – 390.

[10] Bauer R, Koedijk K, Otten R. International Evidence on Ethical Mutual Fund Performance and Investment Style [J]. *Journal of Banking & Finance*, 2005, 29 (7): 1751 – 1767.

[11] Baum A, Crosby N, Macgregor B. Price Formation, Mispricing and Investment Analysis in the Property Market: A Response

to "A Note on 'The Initial Yield Revealed: Explicit Valuations and the Future of Property Investment'" [J]. *Journal of Property Valuation & Investment*, 1996, volume 14 (14): 36 - 49.

[12] Becker, B. (2015) . Public R&D Policies and Private R&D Investment: A Survey of the Empirical Evidence. *Journal of Economic Surveys*, 29 (5), 917 - 942.

[13] Bloom N, Bond S, Reenen J V. Uncertainty and Investment Dynamics [J]. *Review of Economic Studies*, 2010, 74 (2): 391 - 415.

[14] Bond S, Elston J A, Mairesse J, et al. , Financial Factors and Investment in Belgium, France, Germany, and the United Kingdom: A Comparison Using Company Panel Data [J]. *Review of Economics & Statistics*, 2003, 85 (1): 153 - 165.

[15] Borensztein E, Gregorio J D, Lee J W. How does Foreign Direct Investment Affect Economic Growth? [J]. *Journal of International Economics*, 1998, 45 (1): 115 - 135.

[16] Brennan M J, Subrahmanyam A. Investment Analysis and Price Formation in Securities Markets [J]. *Journal of Financial Economics*, 2004, 38 (3): 361 - 381.

[17] Brewer T L, Young S. The Multilateral Investment System and MultinationalEnterprises [J] . *Oup Catalogue*, 1998, 36 (2): 202 - 202.

[18] Brewer T L. Government Policies, Market Imperfections, and Foreign Direct Investment [J]. *Journal of International Business Studies*, 1993, 24 (1): 101 - 120.

[19] Broadman H G, Sun X. The Distribution of Foreign Direct Investment in China [J]. *World Economy*, 2010, 20 (3): 339 - 361.

[20] Buckley P J, Chen L, Clegg L J, et al. , Risk Propensity in the Foreign Direct Investment Location Decision of Emerging

Multinationals [J]. *Journal of International Business Studies*, 2018, 49 (2): 1 – 19.

[21] Busse M, Hefeker C. Political Risk, Institution and Foreign Direct Investment [J]. *European Journal of Political Economy*, 2005, 23 (2): 397 – 415.

[22] Büthe T, Milner H V. The Politics of Foreign Direct Investment into Developing Countries: Increasing FDI through International Trade Agreements? [J]. *American Journal of Political Science*, 2010, 52 (4): 741 – 762.

[23] Carlson M, Fisher A, Giammarino R. Corporate Investment and Asset Price Dynamics: Implications for the Cross – section of Returns [J]. *Journal of Finance*, 2004, 59 (6): 2577 – 2603.

[24] Carpenter R E. Capital Market Imperfections, High – Tech Investment, and New Equity Financing [J]. *Economic Journal*, 2010, 112 (477): F54 – F72.

[25] Chen R, Ghoul S E, Guedhami O, et al. , Do State and Foreign Ownership Affect Investment Efficiency? Evidence from Privatizations [J]. *Journal of Corporate Finance*, 2017, 42: 408 – 421.

[26] Cleary S. The Relationship between Firm Investment and Financial Status [J]. *Journal of Finance*, 2010, 54 (2): 673 – 692.

[27] Cleary S. The Relationship between Firm Investment and Financial Status [J]. *Journal of Finance*, 2010, 54 (2): 673 – 692.

[28] Conferencia de las Naciones Unidas sobre Comercioy Desarrollo (UNCTAD) . *World Investment Prospects Survey 2013 – 2015* [J]. United Nations Publication, 2013.

[29] David. M. Kreps, Paul. Milgrom, John. Roberts, Robert Wilson. Cooperation in the Finitely Repeated Prisoners' Dilemma [J]. *Journal of Economic*, 1982: 245 – 252

[30] Davidson A S. Securitization: Structuring and Investment

Analysis [J]. *Venture Capitalin Europe*, 2003: 365 – 370.

[31] Delios A, Henisz W J. Japanese Firms' Investment Strategies in Emerging Economies [J]. *Academy of Management Journal*, 2000, 43 (3): 305 – 323.

[32] Echandi R, Krajcovicova J, Qiang Z W. The Impact of Investment Policy in a Changing Global Economy: a Review of the Literature [J]. Policy Research Working Paper, 2016 (1): 563 – 567.

[33] Edmans A, Jayaraman S, Schneemeier J. The Source of Information in Prices and Investment – Price Sensitivity [J]. *Journal of Financial Economics*, 2017, 126 (1): 74 – 96.

[34] Fama E F, Jensen M C. Separation of Ownership and Control [J]. *Journal of Law & Economics*, 2013, 26 (2): 301 – 325.

[35] Fazzari S. M. , Hubbard R. G. , Petersen B. C. Financing Constraint and Corporate Investment [J]. *Brookings Paperson Economic Activity*, 1988, (1): 141 – 195.

[36] Froot K A, Scharfstein D S, Stein J C. Risk Management: Coordinating Corporate Investment and Financing Policies [J]. *Journal of Finance*, 2012, 48 (5): 1629 – 1658.

[37] Froot K A, Scharfstein D S, Stein J C. Risk Management: Coordinating Corporate Investment and Financing Policies [J]. *Journal of Finance*, 2012, 48 (5): 1629 – 1658.

[38] George Blazyca, Ryszard Rapacki: Poland into the New Millennum [J]. *Edward Elgar*, 2001: 146 – 148.

[39] George J. Stiglerl. *The Tenable Range of Funetions of Local Government* [M]. Newyork: Publie Needs ed. , Edmund S. PheIPs, 1962: 167 – 176.

[40] Gerlach H, Zheng X. Preferences for Green Electricity, Investment and Regulatory Incentives [J]. *Energy Economics*, 2018, 69: 430 – 441.

［41］Girma S, Greenaway D, Wakelin K. Who Benefits from Foreign Direct Investment in the UK? ［J］. *Scottish Journal of Political Economy*, 2013, 60 (5): 560 – 574.

［42］Goergen M, Renneboog L. Investment Policy, Internal Financing and Ownership Concentration in the UK ［J］. *Journal of Corporate Finance*, 2001, 7 (3): 257 – 284.

［43］Gomariz M F C, Ballesta J P S. Financial Reporting Quality, Debt Maturity and Investment Efficiency ［J］. *Journal of Banking & Finance*, 2014, 40 (1): 494 – 506.

［44］Gugler K, Yurtoglu B B. Corporate Governance and Dividend Pay – out Policy in Germany ［J］. *European Economic Review*, 2003, 47 (4): 731 – 758.

［45］Hamnett C, Reades J. Mind the Gap: Implications of Overseas Investment for Regional House Price Divergence in Britain ［J］. *Housing Studies*, 2018 (2): 1 – 19.

［46］Harris and Raviv. Corporate Control Contests and Capital Structure. *Journal of Financial Economics*, 1988 (20): 55 – 86.

［47］Holmström, Bengt. Moral Hazard and Observability ［J］. *Bell Journal of Economics*, 1979 (10): 74 – 91

［48］Hoshi T, Kashyap A, Scharfstein D. Corporate Structure, Liquidity, and Investment: Evidence from Japanese Industrial Groups ［J］. Quarterly Journal of Economics, 1991, 106 (1): 33 – 60.

［49］Hoshi T. Has Abenomics Succeeded in Raising Japan's Inward Foreign Direct Investment? ［J］. *Asian Economic Policy Review*, 2018, 13 (1): 149 – 168.

［50］James M. Buchanan. An Economic Theory of Clubs ［J］. *Economica*, 1965, 32 (165): 1 – 14.

［51］Jens C E. Political Uncertainty and Investment: Causal Evidence from U. S. Gubernatorial Elections ［J］. *Journal of Financial*

Economics, 2017, 124: 563 - 579.

[52] Jensen M C, Meckling W H. Theory of the Firm: Managerial Behavior, Agency Costs and Ownership Structure [J]. *Social Science Electronic Publishing*, 1976, 3 (4): 305 - 360.

[53] Jensen M C. Risk, the Pricing of Capital Assets, and the Evaluation of Investment Portfolios [J]. *Journal of Finance*, 2012, 24 (5): 959 - 960.

[54] Jorgenson D W. Capital Theory and Investment Behavior [J]. *American Economic Review*, 1963, 53 (2): 247 - 259.

[55] Jorgenson D W. Econometric Studies of Investment Behavior: A Survey [J]. *Journal of Economic Literature*, 1971, 9 (4): 1111 - 1147.

[56] Kaplan S N, Zingales L. Do Investment - Cash Flow Sensitivities Provide Useful Measures of Financing Constraints? [J]. *Quarterly Journal of Economics*, 1997, 112 (1): 169 - 215.

[57] Kaplan S N, Zingales L. Do Investment - Cash Flow Sensitivities Provide Useful Measures of Financing Constraints? [J]. *Quarterly Journal of Economics*, 1997, 112 (1): 169 - 215.

[58] Kikuchi T, Vachadze G. Minimum Investment Requirement, Financial MarketimperFection and Self - fulfilling Belief [J]. *Journal of Evolutionary Economics*, 2018, 28 (2): 305 - 332.

[59] Kojima K. A Macroeconomic Approach to Foreign Direct Investment [J]. *Hitotsubashi Journal of Economics*, 1973, 14 (1): 1 - 21.

[60] Kopitov R. Enhancing Business Reliability: Improving Value - Based Management by Measuring Investment Attractiveness. 2009, 1: 21 - 24.

[61] Kor Y Y. Direct and Interaction Effects of Top Management Team and Board Compositions on R&D Investment Strategy [J]. *Strate-*

gic Management Journal, 2006, 27 (11): 1081 – 1099.

[62] Kotlar J, Fang H, Massis A D, et al. , Profitability Goals, Control Goals, and the R&D Investment Decisions of Family and Nonfamily Firms [J] . *Journal of Product Innovation Management*, 2014, 31 (6): 1128 – 1145.

[63] Kriebaum, U. , 2014, "FET and Expropriation in the (Invisible) EU Model BIT", *the Journal of World Investment & Trade*, 15 (3 – 4): 454 – 483.

[64] La Porta R, Lopez – De – Silanes F, Shleifer A, et al. Legal Determinants of External Finance [J] . *Journal of Finance*, 1997, 52.

[65] Lankes H P, Venables A J. Foreign Direct Investment in Economic Transition: the Changing Pattern of Investments [J]. *Economics of Transition*, 2010, 4 (2): 331 – 347.

[66] Lee D D, Humphrey J E, Benson K L, et al. , Socially Responsible Investment Fund Performance: the Impact of Screening Intensity [J]. *Social Science Electronic Publishing*, 2014, 50 (2): 351 – 370.

[67] Levy B. An Institutional Analysis of the Design and Sequence of Trade and Investment Policy Reform [J]. *World Bank Economic Review*, 1993, 7 (2): 247 – 262.

[68] Lobanova J Z, Kračun D, Kavkler A. Institutions as a Mediator of the Effect of Crossborder Mergers & Acquisitions on Domestic Investment [J]. *Prague Economic Papers*, 2018: 1 – 15.

[69] Macdougall D. The Benefits and Costs of Private Investment from Abroad: a Theoretical Approach [J] . *Economic Record*, 2010, 36 (73): 13 – 35.

[70] Manning P. Public Finance and Capital Investment: A National Perspective on Colonial Dahomey [J]. *Canadian Journal of African*

Studies, 1980, 14 (3): 519 – 524.

[71] Martin K J. The Method of Payment in Corporate Acquisitions, Investment Opportunities, and Management Ownership [J]. *Journal of Finance*, 2012, 51 (4): 1227 – 1246.

[72] Mendelsohn R, Fels A. Australia's Foreign Investment Review Board and the Regulation of Chinese Investment [J]. *China Economic Journal*, 2014, 7 (1): 59 – 83.

[73] Michael C. Jensen, William H. Meckling. Theory of the Firm: Managerial Behavior, Agency Costs and Ownership Structure. *Journal of Financial Economics* (JFE), Vol. 3, No. 4, 1976.

[74] Modigliani F, Miller M H. The Cost of Capital, Corporation Finance, and the Theory of Investment [J]. *American Economic Review*, 1959, 49 (4): 655 – 669.

[75] Moran T H. The Product Cycle Model of Foreign Direct Investment and Developing Country Welfare [J]. *Journal of International Management*, 2011, 6 (4): 297 – 311.

[76] Mukhopadhyay K. Asia – Pacific Trade and Investment Review [J]. *Asia*, 2011, 2 (1): 1 – 22.

[77] Nandy A. Foreign Investment in Developing Countries [J]. *Asean Economic Bulletin*, 2005, 22 (2): 247 – 248.

[78] Nicholas A. China's war Against the Many Faces of Poverty: Towards a New Long March, by J. Yang and P. Mukhopadhaya [J]. *Journal of International Trade & Economic Development*, 2018, 25 (8): 1 – 2.

[79] Nickell S J. On the Role of Expectations in the Pure Theory of Investment Review of Economic Studies [J]. *Cellular Immunology*, 1974, 4 (4): 305 – 315.

[80] Niels Hermes, Robert Lensink. Foreign Direct Investment, Financial Development and Economic Growth [J]. *Journal of*

Development Studies, 2003, 40 (1): 142 – 163.

[81] O' Donnell L, Kramar R, Dyball M. Complementing a Positivist Approach to Investment Analysis with Critical Realism: Challenges and a Way Forward [J]. *Qualitative Research in Financial Markets*, 2013, 5 (5): 6 –25.

[82] Papadopoulos N, Hamzaouiessoussi L, Banna A E. Nation Branding for Foreign Direct Investment: a Review and Directions for Research and Strategy [J]. *Journal of Product & Brand Management*, 2016, 25 (7): 615 –628.

[83] Pokarier C. Australia's Foreign Investment Policy: an Historical Perspective [J]. *International Journal of Public Policy*, 2017, 13 (3/4/5): 212.

[84] Porter M E. Capital disadvantage: America's Failing Capital Investment System [J]. *Harvard Business Review*, 1992, 70 (5): 65 –82.

[85] Rajan R, Servaes H, Zingales L. The Cost of Diversity: The Diversification Discount and Inefficient Investment [J]. *Journal of Finance*, 2000, 55 (1): 35 – 80.

[86] Razin A, Sadka E. Efficient Investment Incentives in the Presence of Capital Flight [J]. *Journal of International Economics*, 1991, 31 (1 –2): 171 –181.

[87] Reilly F K, Brown K C. Investment Analysis and Portfolio Management / F. K. Reilly, K. C. Brown [J]. *Journal of Finance*, 1999, 37 (1): 245.

[88] Richardson. S. Over – investment of free cash flow [J]. *Review of Accounting Studies*, 2006, (11): 159 – 189.

[89] Rolik Y A. A Complex Approach to Evaluating the Innovation Strategy of a Company to Determine its Investment Attractiveness [J]. *Procedia – Social and Behavioral Sciences*, 2013, 99: 562 –571.

［90］ Rugman A M. The International Operations of National Firms: A Study of Direct Foreign Investment ［J］. *Journal of International Business Studies*, 1978, 9 (2): 103 – 104.

［91］ Rusbult C E, Martz J M, Agnew C R. The Investment Model Scale: Measuring commitment level, satisfaction level, quality of alternatives, and investment size. ［J］. *Personal Relationships*, 2010, 5 (4): 357 – 387.

［92］ Shapiro C, Stiglitz J E. Equilibrium Unemployment as a Worker Discipline Device ［J］. *American Economic Review*, 1984, 74 (3): 433 – 444.

［93］ Shleifer A, Vishny R W. Politicians and Firms ［J］. *Quarterly Journal of Economics*, 1994, 109 (4): 995 – 1025.

［94］ Smolarski J. Investment Analysis in the Private Equity Industry: a Study of La Porta's Argument ［J］. *International Journal of Emerging Markets*, 2007, 2 (4): 335 – 347.

［95］ Spence A M. Investment Strategy and Growth in a New Market ［J］. *Bell Journal of Economics*, 1979, 10 (1): 1 – 19.

［96］ Statistics C O N, Council N. Data on Federal Research and Development Investments: Apathway to Modernization. 1969.

［97］ Strickland D E, Judd D R. Capital Investment in Neighborhoods: Theories, Which Inform National Urban Policy in the United States ［J］. *Population Research & Policy Review*, 1982, 1 (1): 59 – 78.

［98］ Stulz R M. On the Effects of Barriers to International Investment ［J］. *Journal of Finance*, 2012, 36 (4): 923 – 934.

［99］ Su W H, Kakinaka M. Global uncertainty and capital flows: any difference between foreign direct investment and portfolio investment ［J］. *Applied Economics Letters*, 2018: 1 – 8.

［100］ Tambe P. Big Data Investment, Skills, and Firm Value

[J]. *Management Science*, 2014, 60 (6): 1452 – 1469.

[101] Tuttle B, Burton F G. The effects of a modest incentive on information overload in an investment analysis task [J]. *Accounting Organizations & Society*, 1999, 24 (8): 673 – 687.

[102] UmeshSaxena. Investment Analysis under Uncertainty [J]. *Engineering Economist*, 1983, 29 (1): 33 – 40.

[103] Upreti P N. From TPP to CPTPP: Why Intellectual Property Matters [J]. *Journal of Intellectual Property Law & Practice*, 2018.

[104] Vernon R. International Investment and International Trade in the Product Cycle [J]. *International Economics Policies & Their Theoretical Foundations*, 1966, 80 (2): 190 – 207.

[105] Wallace C D. *Foreign Direct Investment and the Multinational Enterprise: a Bibliography* [J]. Mit Press Books, 2018, 1 (5): 1003 – 1005.

[106] Wurtzebach C H, Kim K S. An Investment Analysis and Decision Making Framework for Real Estate Development [J]. *Real Estate Economics*, 2010, 7 (3): 410 – 426.

[107] Yuan J, Li P, Wang Y, et al. , Coal Power Overcapacity and Investment Bubble in China during 2015 – 2020 [J]. *Energy Policy*, 2016, 97: 136 – 144.

六 其他（报告、年鉴、网站）

[1] 财政部综合计划司 . 1950 – 1985 年中国财政统计年鉴 [M]. 北京：中国财政经济出版社，1987.

[2] 国家发展和改革委员会投资司，国家发展和改革委员会投资研究所，国家统计局投资统计司 . 2015 中国投资报告 [R]. 北京：经济管理出版社，2015.

[3] 国家统计局 . 中国统计年鉴 [M]. 北京：中国统计出

版社，1986.

［4］环球网．商务部：中国已与130多个国家和地区签订投资协定．［DB/OL］．［2016 - 3 - 17］. http：//world. huanqiu. com/hot/2016 - 03/8724770. html.

［5］人民日报海外版．对外投资流量连续2年位居世界第2位．［DB/OL］．［2017 - 10 - ［13］. http：//fianance. sina. com. cn/stock/2017 - 10 - 13/0657205. html.

［6］冼国明，葛顺奇总校译．世界投资报告［R］．天津：南开大学出版社，2011 - 2016.

［7］新华网．13省市今年着力组建"国有资本投资运营公司"．［DB/OL］．［2015 - 3 - 2］. http：//www. xinhuanet. com/2015 - 03/02/c_ 1114485225. htm.

［8］中华人民共和国商务部，中华人民共和国国家统计局，国家外汇管理局．中国对外直接投资统计公报［R］．北京：中国统计出版社，2011 - 2016.

［9］中华人民共和国中央人民政府网站．国务院办公厅关于转发国务院国资委以管资本为主推进职能转变方案的通知．［DB/OL］．［2017 - 5 - 10］. http：//www. gov. cn/zhengce/content/2017 - 05/10/content_ 5192390. htm.

图书在版编目（CIP）数据

国有资本投资体制的历史变迁与深化改革／吴泓著
. -- 北京：社会科学文献出版社，2020.8
ISBN 978 - 7 - 5201 - 6781 - 9

Ⅰ.①国… Ⅱ.①吴… Ⅲ.①国有企业 - 投资体制 -
研究 - 中国 Ⅳ.①F832.39

中国版本图书馆 CIP 数据核字（2020）第 103271 号

国有资本投资体制的历史变迁与深化改革

著　　者／吴　泓

出 版 人／谢寿光
责任编辑／赵慧英

出　　版／社会科学文献出版社·政法传媒分社　（010）59367156
　　　　　地址：北京市北三环中路甲 29 号院华龙大厦　邮编：100029
　　　　　网址：www.ssap.com.cn
发　　行／市场营销中心　（010）59367081　59367083
印　　装／三河市尚艺印装有限公司

规　　格／开本：787mm × 1092mm　1/16
　　　　　印张：13.75　字数：178 千字
版　　次／2020 年 8 月第 1 版　2020 年 8 月第 1 次印刷
书　　号／ISBN 978 - 7 - 5201 - 6781 - 9
定　　价／78.00 元

本书如有印装质量问题，请与读者服务中心（010 - 59367028）联系